胸に熱く響く

経営者100の言葉

山口智司

彩図社

経営者100の言葉　目次

第1章 戦いに勝つ言葉

❶他社がまねするような商品をつくれ（早川徳次／シャープ創業者）　14
❷「そんな馬鹿なことはできない」と誰もが思うことならば、競争相手はほとんどいない（ラリー・ペイジ／Google 創業者）　16
❸紙と鉛筆を持って来い！（本田宗一郎／ホンダ創業者）　18
❹新事業の準備が充分にととのったら即突進すべし。一、二、三ではいけない。二は迷いである、自信のなさである（小林一三／阪急グループ創業者）　20
❺素人だから飛躍できる（安藤百福／日清創業者）　22
❻壁にぶつかった時に乗り越えるには、自分たちの持っているビジョンに対する情熱で乗り越えるしかないんです（アレン・マイナー／日本オクラル初代社長）　24

❼孤独な者は、もっとも強い（五島慶太／東急グループ創業者） 26
❽やってみなはれ。やらなわからしまへんで（鳥井信治郎／サントリー創業者） 28
❾大きい声を出して、いつも元気にニコニコしていれば、
たいていのことはうまくいきます（樋口廣太郎／アサヒビール会長） 30
❿意気地さえあれば失敗などということは人生にないと思う。
そして、失敗によって人は鍛えられるのだ（松永安左エ門／九州電気・東邦電力創業者） 32
⓫多少の手違いなんか忘れろ。失敗も忘れろ。自分が今、
これからしようとしていること以外は全部忘れて、
やっつけようじゃないか（ウィリアム・デュラント／GM創業者） 34
⓬六〇点主義で即決せよ。決断はタイムリーになせ（土光敏夫／経団連名誉会長） 36
⓭成功を収めるためには一発大当たりを狙うのではなく、小さな前進をたくさん積み重ね、
つなぎ合わせていかなければならない（マイケル・ブルームバーグ／ブルームバーグ創業者） 38
⓮成功は最低の教師だ（ビル・ゲイツ／マイクロソフト社会長） 40
⓯先を見通して点をつなぐことはできない。振り返ってつなぐことしかできない。
だから将来何らかの形で点がつながると信じなければならない（スティーブ・ジョブズ／アップル創業者） 42
⓰広告代をケチるのは節約とはいわない。売り上げを減らすだけだ（重光武雄／ロッテ創業者） 44
⓱カニのように横にはってでも前進せよ（江崎利一／グリコ創業者） 46
⓲6歳の時の空想を忘れるな（ニコラス・ハイエック／スウォッチ創業者） 48

⑲スピード！　スピード！　スピード！（三木谷浩史／楽天創業者）　50
⑳わたしが創り出したものを全部知ることはできない。
わたしは革命をした（ココ・シャネル／シャネル創業者）　52
㉑いや、いまだからこそやるのだ（正力松太郎／読売新聞社社長）　54

第2章　人を育てる言葉

㉒無駄金も使うだろう。期限も遅れるだろう。そんなことは当たり前だから気にするな。
ビクビクせずに思い切ってやれ（大屋晋三／帝人社長）　58
㉓人間の一生は第一が運ですな。その次が鈍。それから、根（古河市兵衛／古河グループ創業者）　60
㉔いや、いいんだよ、その油まみれの手がいいんだ。
俺は油の匂いが大好きなんだよ（本田宗一郎／ホンダ創業者）　62
㉕おもしれぇことあったか（岩堀喜之助／マガジンハウス創業者）　64
㉖アタマは低く、アンテナは高く（鈴木三郎助／味の素創業者）　66
㉗君はロッカールームに入ったのか？　選手の奥さんたちの名前を知っているのか？

一緒にランチをとったのか？（ホルスト・ダスラー／アディダス社長） 68
㉘憎まれ役はわしが一切引き受けるから、頑張れ（松永安左エ門／九州電気・東邦電力創業者） 70
㉙心許すときはしっかりその人を観なはれ。時代を先取りして、誰の意見でも有り難く聴くことです。
実行するせんはこちらが決めればよろし（吉本せい／吉本興業創業者） 72
㉚自分を開発し、発展していくためには、他人と同じ考え、
同じ行動をしてはならない（盛田昭夫／ソニー共同創業者） 74
㉛人間にはいかに円くとも、どこかに角がなければならぬ（渋沢栄一／渋沢財団創業者） 76
㉜真摯さはごまかせない（ピーター・ドラッカー／経済学者） 78
㉝大好きな女性を口説き落とすんだと思ってやれ（木村皓一／ミキハウス創業者） 80
㉞だから、いっしょに頑張ろうやないか。ナンバーワンになろう（高原慶一朗／ユニ・チャーム会長） 82
㉟情報化社会にあっては独創力こそ人間としての存在理由になる（賀来龍三郎／キャノン名誉会長） 84
㊱黄金、学問、組織・機構、権力、数・理論、主義、モラルの奴隷になるな（出光佐三／出光興産創業者） 86
㊲公園にでも行って3時間ほどひっくり返るといい。きっと寝転んでいるのが嫌になりますよ。
そしたら、仕事場に戻る。会社のためじゃなくて、自分のためにね（樋口廣太郎／アサヒビール会長） 88
㊳君が思い悩み、迷ったことは少しも気にすることはない。何かをつかんだはずだ（松本昇／資生堂社長） 90
㊴人を熱烈に動かそうと思ったら、
相手の言い分を熱心に聞かなければならない（デール・カーネギー／実業家） 92

第3章

仕事を愛する言葉

㊵一つ上の仕事をやれ。社員は主任、主任は課長の、課長は部長の、部長は役員の、それで初めて大きな仕事ができる（奥村綱雄／野村證券社長） 96
㊶人は1日に三時間寝れば十分だ。
貴重な時間を空しく睡眠に費やすのは惜しい（浅野総一郎／浅野財閥創業者） 98
㊷新しい世界を開拓し続けなければ、ボクは死んでしまう（ウォルト・ディズニー／ディズニー創業者） 100
㊸苦しい仕事のうちにも愉快があることを発見するまでには、
幾多の修養を積まねばならない（安田善次郎／安田財閥創業者） 102
㊹仕事はあきらめてはいけない。最後のひと押しが成否を決めるのだ（市村清／リコー創業者） 104
㊺志を立てた以上、迷わず一本の太い仕事をすればいい（豊田佐吉／トヨタグループ始祖） 106
㊻カメラを鉛筆なみの便利な道具に生まれ変わらせたい（ジョージ・イーストマン／コダック社創業者） 108
㊼「ごきぶりホイホイ」というのがええやないか（大塚正士／大塚製薬創業者） 110
㊽僕が覗くのさ（スティーブ・ジョブズ／アップル創業者） 112
㊾仕事のために死ぬ人はまれである。
仕事にくよくよ心を悩ますことで多くの人が殺されるのだ（ジョン・ワナメーカー／アメリカの百貨店主） 114
㊿そう言うべからず。これも国のためであり、人助けにもなることたい（田中久重／東芝創業者） 116

❺❶われわれは航空業界の飲んだくれだ（ハーブ・ケレハー／サウスウエスト航空創業者） 118
❺❷毎日が新しく、毎日が門出である（松下幸之助／松下電器創業者） 120
❺❸ハムはあまり薄く切らないでくれ（フレッド・ハーヴィー／ハーヴィーハウス経営者） 122
❺❹要は規模ではなくスピードにあるのです、次に何をやるのかで、いつも頭がいっぱいです（ジェリー・ヤン／Yahoo! 共同創業者） 124
❺❺私の中の悪魔が仕事はまだまだあるぞとささやきかけてくる（イングヴァール・カンプラード／イケア創業者） 126
❺❻ウイスキーの仕事は私にとっては恋人のようなものである。恋している相手のためなら、どんな苦労でも苦痛と感じない。むしろ楽しみながら喜んでやるものだ（竹鶴政孝／ニッカウヰスキー創業者） 128
❺❼事業場から墓地に直行したくない、とは考えているが、事業こそ私の生命であるとも思っている（五島慶太／東急グループ創業者） 130
❺❽仕事は楽しみなんだ。どんな難しい問題でも真っ向から取り組み、それを一つひとつ解決していくことが、実に楽しい（宮崎輝／旭化成会長） 132
❺❾顧客に求められたら決してノーと言ってはいけない。相手が月をほしがったとしてもだ（セザール・リッツ／リッツ創業者） 134
❻⓿シャワー・カーテンはバスタブの内側に入れておくように（コンラッド・ヒルトン／ヒルトン創業者） 136

第4章 本質を見抜く言葉

❻❶成功が努力より先に来るのは辞書の中だけだ（ヴィダル・サスーン／ヴィダルサスーン創業者） 140
❻❷身を粉にするな、頭を粉にせよ。最悪のあとには必ず最善がある（藤田田／日本マクドナルド創業者） 142
❻❸自信は成功の秘訣であるが、空想は敗事の源泉である（岩崎弥太郎／三菱グループ創業者） 144
❻❹みんなは自分たちが何を望んでいるのか、こちらがいうまではたいていわからないものだ（ヘンリー・フォード／フォード創業者） 146
❻❺待ち構えている障害にではなく、目標に注意を集中するべきだ（ウィリアム・ランドルフ・ハースト／新聞王） 148
❻❻気は長く持つが、行う時は気短でなければならぬ（石橋正二郎／ブリヂストン創業者） 150
❻❼事業開始の機に乗じて詐欺師が現れることはその事業がほんものだということを証明する（鮎川義介／日産コンツェルン創業者） 152
❻❽おいしいものほど顧客は飽きる（鈴木敏文／セブン&アイホールディングス創業者） 154
❻❾危機は良き友、時間はライバル（ルイス・ガースナー／IBM元会長） 156
❼⓿〝経営とは結果なり。〟そういう言葉は真実だ（後藤清一／三洋電機副社長） 158
❼❶やりすぎてもいけないし、やらなすぎてもいけない（青井忠雄／丸井グループ社長） 160
❼❷自分が入り用でないことは、みな忘れてしまえばよい（藤原銀次郎／王子製紙社長） 162

❼❸一瞬の成功なんて長続きしないものだよ（リチャード・ブランソン／ヴァージン・グループ会長） 164
❼❹もし友だちがたくさんほしいのなら――負けることだな（フィル・ナイト／ナイキ創業者） 166
❼❺人にほめられて有頂天になり、人にくさされて憂うつになるなんておよそナンセンス。
なぜなら、そんなことくらいで自分自身の価値が変わるものではない（立石一真／オムロン創業者） 168
❼❻幸運は汗からの配当だ（レイ・クロック／マクドナルド創業者） 170
❼❼恐れるべき競争相手とは、あなたを全く気にかけることなく
自分のビジネスを常に向上させ続ける人間のことを言う（ヘンリー・フォード／フォード創業者） 172
❼❽時勢の急激な変化に対処するには動的安定でしかない（鹿島守之助／鹿島建設社長） 174
❼❾なりたがる人間を社長にしないことだ（中山素平／日本興行銀行頭取） 176

第5章　道を示す言葉

❽⓿他人の道に心をうばわれ、思案にくれて立ちすくんでいても、道はすこしもひらけない。
道をひらくためには、まず歩まねばならぬ。心を定め、
懸命に歩まねばならぬ（松下幸之助／松下電器創業者） 180
❽❶最もよく人を幸福にする人が最もよく幸福となる（立石一真／オムロン創業者） 182

82 十回やれば九回失敗している（柳井正／ユニクロ創業者） 184
83 そりゃあ、おめえ、何でも時代のせいにしてりゃあ、そりゃあ楽だわな（田辺茂一／紀伊國屋書店創業者） 186
84 人生に満塁ホームランはない。ゴロやバントを狙え（藤田田／日本マクドナルド創業者） 188
85 人生・仕事の結果＝考え方×熱意×能力（稲盛和夫／京セラ創業者） 190
86 言い訳は、解決への執念を鈍らせる（孫正義／ソフトバンク創業者） 192
87 よい機会に恵まれぬ者はない。
ただそれをとらえられなかっただけなのだ（アンドリュー・カーネギー／鉄鋼王） 194
88 運です。運が良かったんです（山内溥／任天堂社長） 196
89 君の年をもらえれば、俺のこれしきの財産など少しも惜しくはない（大倉喜八郎／大倉財閥創業者） 198
90 その筋が読めるか読めないか、いわゆる直観力が必要だ（井深大／ソニー創業者） 200
91 百歩先が見えるものは世間から狂人扱いされる。現状に踏みとどまるものは世の落伍者となる。
十歩先が見えて事を行う者が世の成功者となる（小林一三／阪急グループ創業者） 202
92 私はかつて失望落胆したことがない（井植歳男／三洋電機創業者） 204
93 成功の本当の秘訣は熱心さである（ウォルター・クライスラー／クライスラー創業者） 206
94 何をやるにしても考え抜く。それが私の一生である（出光佐三／出光興産創業者） 208
95 失敗をする。しかしそれが人生の一番のターニングポイントだと思う（塚本幸一／ワコール創業者） 210
96 魚は招いて来るものでなく、
来るときに向こうから勝手にやって来るものである（岩崎弥太郎／三菱グループ創業者） 212

❾❼自らの運命をコントロールせよ。さもなければ、他人にコントロールされることになるだろう（ジャック・ウェルチ／ゼネラルエレクトリック社CEO）214
❾❽私は蒸気機関車を鉄道の拘束から解き放ちたいと思ったのだ（カール・ベンツ／ベンツ創業者）218
❾❾人間、欲のない人間になったらおしまいです（藤原銀次郎／王子製紙社長）218
⓿⓿まず紙の上に、自分の考えを描いてみよ。地図やシナリオは、挑戦への道しるべになる（小林宏治／NEC社長）220

※経営者の肩書は代表的なものを記しています。

第1章
戦いに勝つ言葉

他社がまねするような商品をつくれ

——早川徳次《はやかわとくじ》（シャープ創業者）

早川徳次《はやかわとくじ》は１８９３年、東京の日本橋に生まれたシャープの創業者。満２歳になる１カ月前に貧しい肥料屋に養子に出され、それ以来、両親に会うことはなかった。６歳のとき実父が亡くなり、さらに９歳のときに実母を亡くしている。

８歳で学校に行けなくなると、金属細工の職人のもとで修行を積み、19歳で金属加工業として独立を果たした。

１９１５年、22歳で「早川式繰出鉛筆」という画期的な商品を発明。これが欧米にも輸出され、後に「シャープペンシル」として知られるようになる。

シャープペンシル以外にも、鉱石ラジオセットや白黒テレビ、カラーテレビと、国産第一号を連発した早川の言葉がこれだ。

日本で初めて太陽電池の量産に成功したのも、世界で初めてＩＣ電卓を開発したのも、早川のこのオリジナリティを重視する精神があったからだろう。

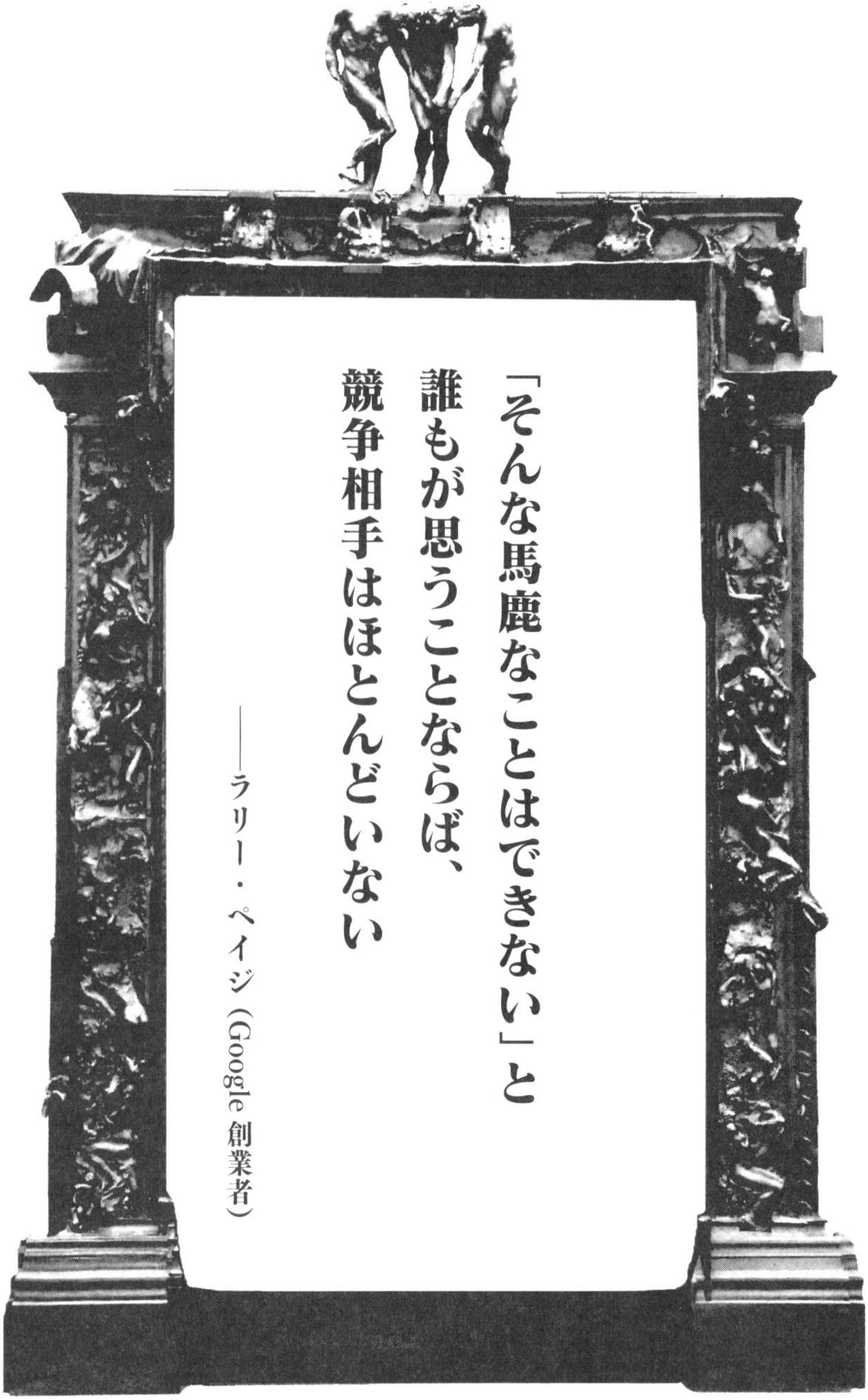

「そんな馬鹿なことはできない」と
誰もが思うことならば、
競争相手はほとんどいない

――ラリー・ペイジ（Google 創業者）

ラリー・ペイジは１９７３年、アメリカのミシガン州に生まれた、検索サイト「Google」の共同創業者。

両親がともに大学でコンピューターの講義を受け持っていたペイジは、わずか6歳でコンピューターをいじり始める。ミシガン大学でコンピューター・サイエンスを専攻した後、スタンフォード大学へ進学し、博士号を取得した。

そこで出会ったサーゲイ・ブリン氏とともに１９９８年、Google社を設立。サイトのターゲット検索を事業の中心に拡大し続け、世界的なＩＴ企業へと成長させた。ペイジ自身も、世界長者番付の常連となった。

ラリー・ペイジは２００９年5月2日、ミシガン大学の卒業式でスピーチを行なった。そこで放ったのがこの言葉だ。

「途方もない夢でも実現へと前進させることは、意外とたやすい」として、その理由を冒頭のように説明した。ペイジは「人類が使うすべての情報を集め整理するとどうなるのだろう？」という素朴で、かつ途方もない問いを自分に突きつけて、Googleを誕生させた。

紙と鉛筆を持って来い！

——本田《ほんだ》宗一郎《そういちろう》（ホンダ創業者）

本田宗一郎《ほんだそういちろう》は1906年、静岡県に生まれたホンダの創業者。

幼い頃から機械いじりやエンジンに興味を持ち、二俣《ふたまた》尋常高等小学校を卒業すると、15歳で自動車修理工場の見習いとして働く。

22歳のときに「アート商会浜松支店」を創業し、28歳の頃には浜松高等工業に通いながら、ピストンリングの研究・製造に打ち込んだ。

そして1946年、本田技研工業を設立。戦後の混乱期に、宗一郎はオートバイ製造に乗り出した。真っ赤なボディの「ドリーム号」を開発し、さらに庶民のためのバイク「カブ」を市場に送り出し、熱狂的に迎えられた。

カブはその機能性だけではなく、「Ｃｕｂ」のロゴが入った真っ赤のエンジンカバーなどデザイン性も評価された。ここにも、妥協を知らない宗一郎のこだわりがあった。

宗一郎はよいアイディアが浮かぶと、どんなに深夜でも「紙と鉛筆を持って来い！」と妻に怒鳴った。チャルメラの音が気になったときは、売っている中華ソバをすべて買い占めてしまったというから、よほど集中したかったのだろう。

「世界のホンダ」は、そんな宗一郎の物づくりへの並々ならぬ意欲から誕生したのである。

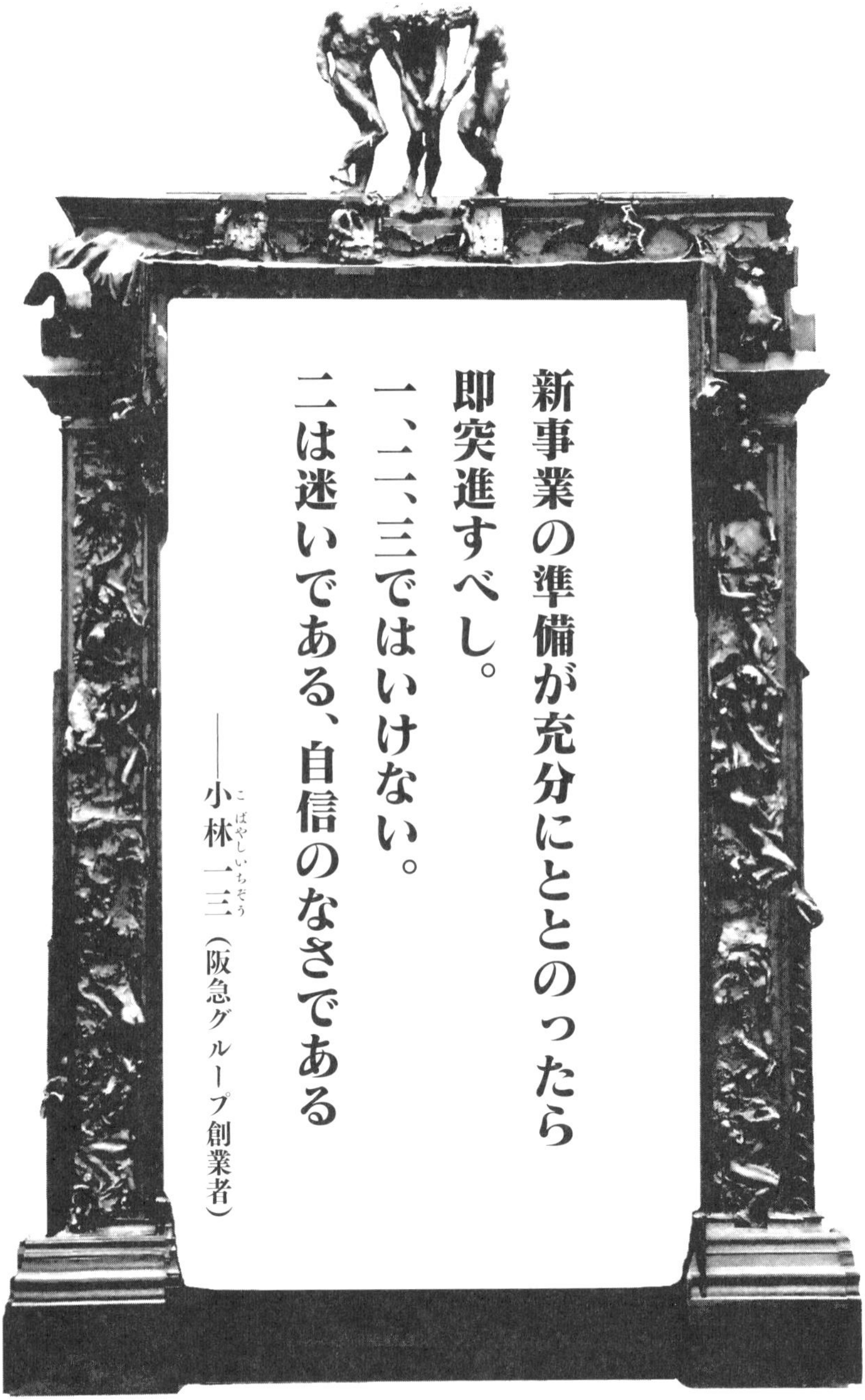

新事業の準備が充分にととのったら
即突進すべし。
一、二、三ではいけない。
二は迷いである、自信のなさである

――小林《こばやし》一三《いちぞう》（阪急グループ創業者）

小林一三《こばやしいちぞう》は1873年1月3日、山梨県の韮崎町《にらさきちょう》に生まれた阪急電鉄の創業者。生まれた生年月日がその名前に由来している。

34歳でサラリーマン生活を投げ打ち、鉄道事業へと生涯を捧げた小林一三。銀行を退社した後は、阪急となる阪鶴《はんかく》鉄道の監査役になったものの、前途多難な道のりだった。

一三は会社員時代の退職金をつぎ込んで、さらに知人・親類からの援助を受けて、電車が走っていない池田・宝塚・有馬地区へと鉄道を敷いた。田舎の郊外になんとか乗客を呼ぶために、パンフレットを作成し、各駅の見所もアピール。沿線周辺となる土地を31万坪も買収し、日本で初めて住宅月賦販売を開始した。

さらに開業後も、集客のために動物園、温泉、歌劇団をオープンさせるなど、人気のない土地だからこそその大胆なビジネスを展開させ、大成功を収めた。

この力強い言葉からは、不利な状況にも悲観することなく、怒涛《どとう》のごとく事業を推進させた、一三の情熱を感じとることができる。

素人だから飛躍できる

——安藤百福《あんどうももふく》（日清創業者）

安藤百福《あんどうももふく》は１９１０年、台湾に生まれた日清食品の創業者。当時、台湾は日本に併合されており、日本領土だった。

学校卒業後、図書館の司書を経て、22歳で手袋、靴下、肌着などに用いられるメリヤスを扱う「東洋《とうよう》莫大小《メリヤス》」を設立。日本の大阪へ進出を果たすなど順調に業績を伸ばしたが、戦後の混乱期に全財産を失った。

48歳の百福が起死回生で開発したのが、世界初のインスタントラーメン「チキンラーメン」である。世界食を誕生させた百福の言葉がこれだ。

１９７１年には、新商品「カップヌードル」を誕生させるなど、その発想力はとどまることを知らなかったが、それは素人だからこそ、と百福は言う。その理由は「既存の枠、常識からはみ出した発想ができるからだ」。

百福は90歳を過ぎても、宇宙食開発プロジェクトに着手。２００７年、96歳でこの世を去ると、ニューヨークタイムズの誌面には「ミスターヌードルに感謝」の文字が躍った。

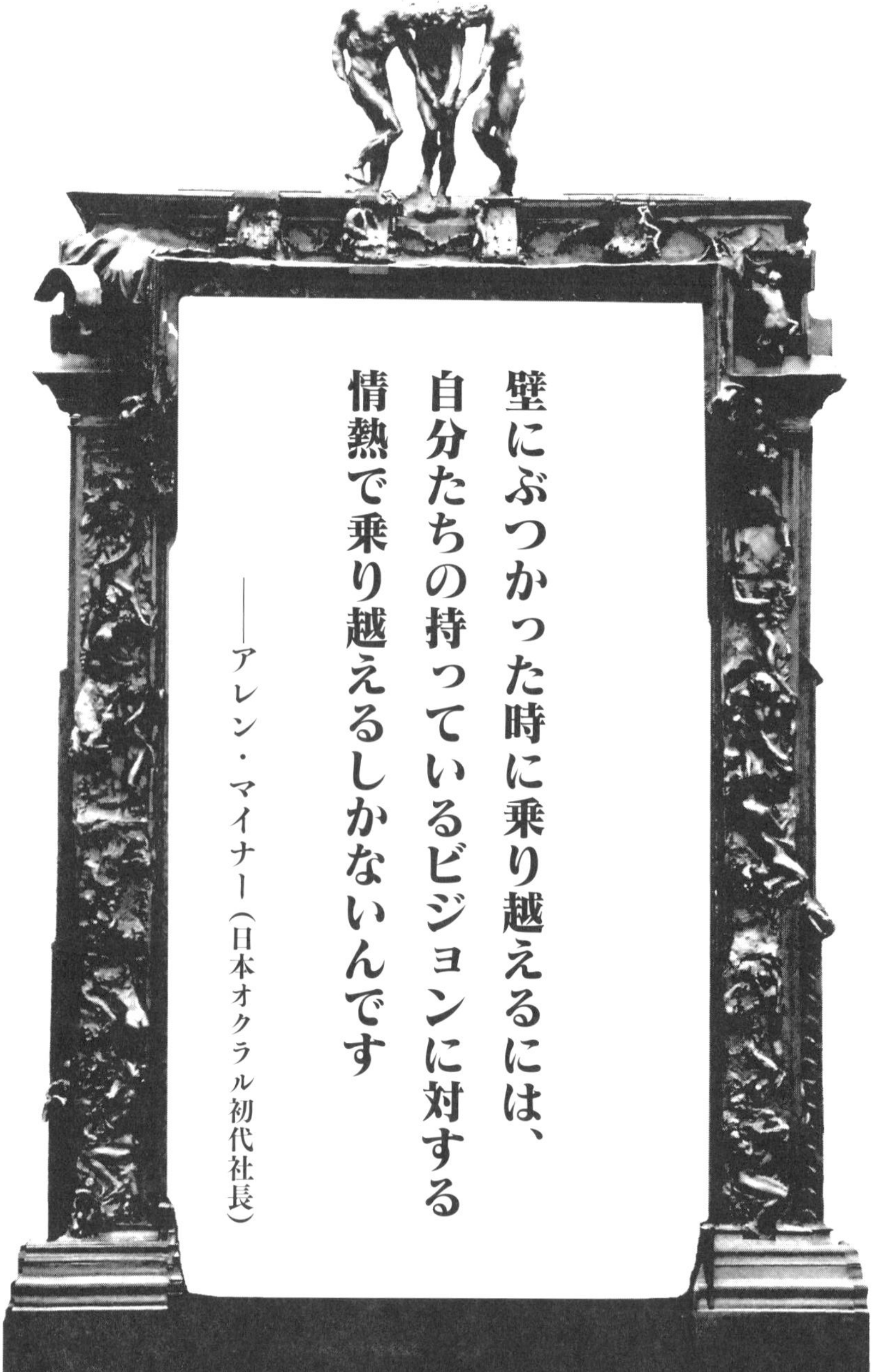

壁にぶつかった時に乗り越えるには、
自分たちの持っているビジョンに対する
情熱で乗り越えるしかないんです

——アレン・マイナー（日本オクラル初代社長）

アレン・マイナーは１９６1年、アメリカのユタ州に生まれたサンブリッジグループ創業者。

ブリガムヤング大学卒業後、米オラクルに入社するが、翌年には国際部の日本担当となり、日本オラクルの立ち上げに参加。自ら初代代表に手を上げて、東京に赴任した。トップとして日本オラクルを急成長させると、１９９９年に株式を公開して退社。株式会社サンブリッジを創業させ、日米のＩＴベンチャー企業の育成に力を注いだ。

世界有数のベンチャーキャピタリストとして名高い、マイナーの名言がこれだ。

ビジョンとそれに傾ける情熱。それがあれば、どんなに小さな企業でも、いや小さな企業だからこそ、既存の大手企業にも負けることはないだろう。

孤独な者は、もっとも強い

――五島《ごとう》慶太《けいた》（東急グループ創業者）

五島慶太《ごとうけいた》は１８８２年、長野県の小県郡殿戸村（現青木村）に生まれた東急グループの創業者。

東京帝国大学法学部卒業後、鉄道院に勤務するが38歳で退官した。退官後は武蔵野鉄道の常務を経て、目黒蒲田電鉄の設立に参加。さらに池上電鉄、玉川電鉄、京浜電鉄など東京近郊の私鉄を次々と統合。１９４２年、東京急行電鉄と名づけた。

鉄道業だけではなく、五島はバス輸送・デパート・映画などの事業をも吸収。その強引な経営手法は「強盗慶太」と恐れられた。五島への周囲の風当たりも強くなってきたが、この言葉にあるように、経営者は孤独だからこそ強い、と五島は考えていた。

戦後、財閥解体の憂き目に遭っても、追放解除後は東急の会長として復帰した五島。東映の再建や白木屋の買収など、貪欲に東急グループを拡大させ続けた。

やってみなはれ。
やらなわからしまへんで

――鳥《とり》井《い》信《しん》治《じ》郎《ろう》（サントリー創業者）

鳥井信治郎《とりいしんじろう》は１８７９年、大阪の両替商の次男として生まれたサントリーの創業者。13歳のときに薬問屋へと奉公に出た。奉公先では漢方を中心としながらも、葡萄酒、ブランデー、ウイスキーも商品として扱っており、後に「鳥井の鼻」と異名をとるほどの嗅覚が、このときに鍛えられた。

鳥井が鳥井商店の創業に踏み切ったのは20歳のとき。これが現在のサントリーである。日本人の味覚にあった甘味の「赤玉ポートワイン」や、国内最初のウイスキー「サントリーウイスキー」などで、大ヒットを飛ばした鳥井。チャレンジ精神あふれるこんな言葉を発している。

ちなみにこのワインの赤玉を太陽に見立てて「太陽＝ＳＵＮ」、それに「鳥井」を組み合わせて「サントリー」という商品名が誕生し、１９６３年、サントリービールの発売を機に正式な社名となった。

鳥井の嗅覚は洋酒だけではなく、消費者心理にも巧みに働いた。「赤玉ポートワイン」では、女優の松島恵美子をモデルにヌードポスターで宣伝し、大きな話題を呼んだ。鳥井は「広告の天才」でもあった。

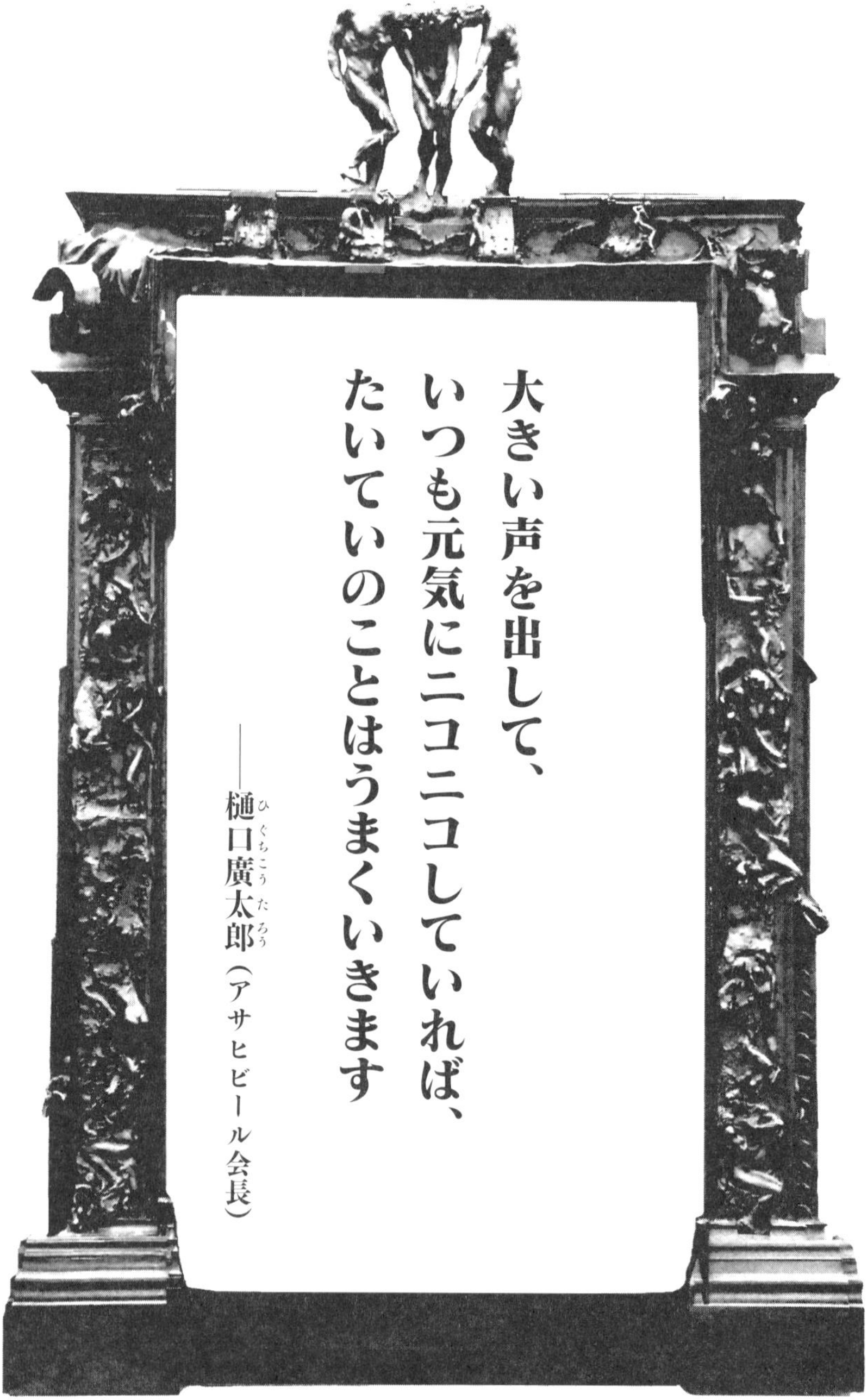

大きい声を出して、
いつも元気にニコニコしていれば、
たいていのことはうまくいきます

——樋《ひ》口《ぐち》廣《こう》太《た》郎《ろう》（アサヒビール会長）

樋口廣太郎《ひぐちこうたろう》は1926年、京都府に生まれたアサヒビールの会長。

京都大学経済学部卒業後に住友銀行に入行。順調に出世し、史上最年少で副頭取となるが、倒産の危機に陥っていたアサヒビールに転職。活躍の舞台を移した。

1986年、アサヒビールの社長に就任した樋口は、その翌年に「ビールの味を変える」という業界のタブーに挑戦。日本初の辛口ビール「アサヒスーパードライ」は異例の大ヒットを放った。

ビール王・樋口の誰でもすぐに実践できる成功法がこれだ。

実社会で働いたことがある者なら、シンプルでありふれたこの処世術が、いかに困難かがわかるだろう。

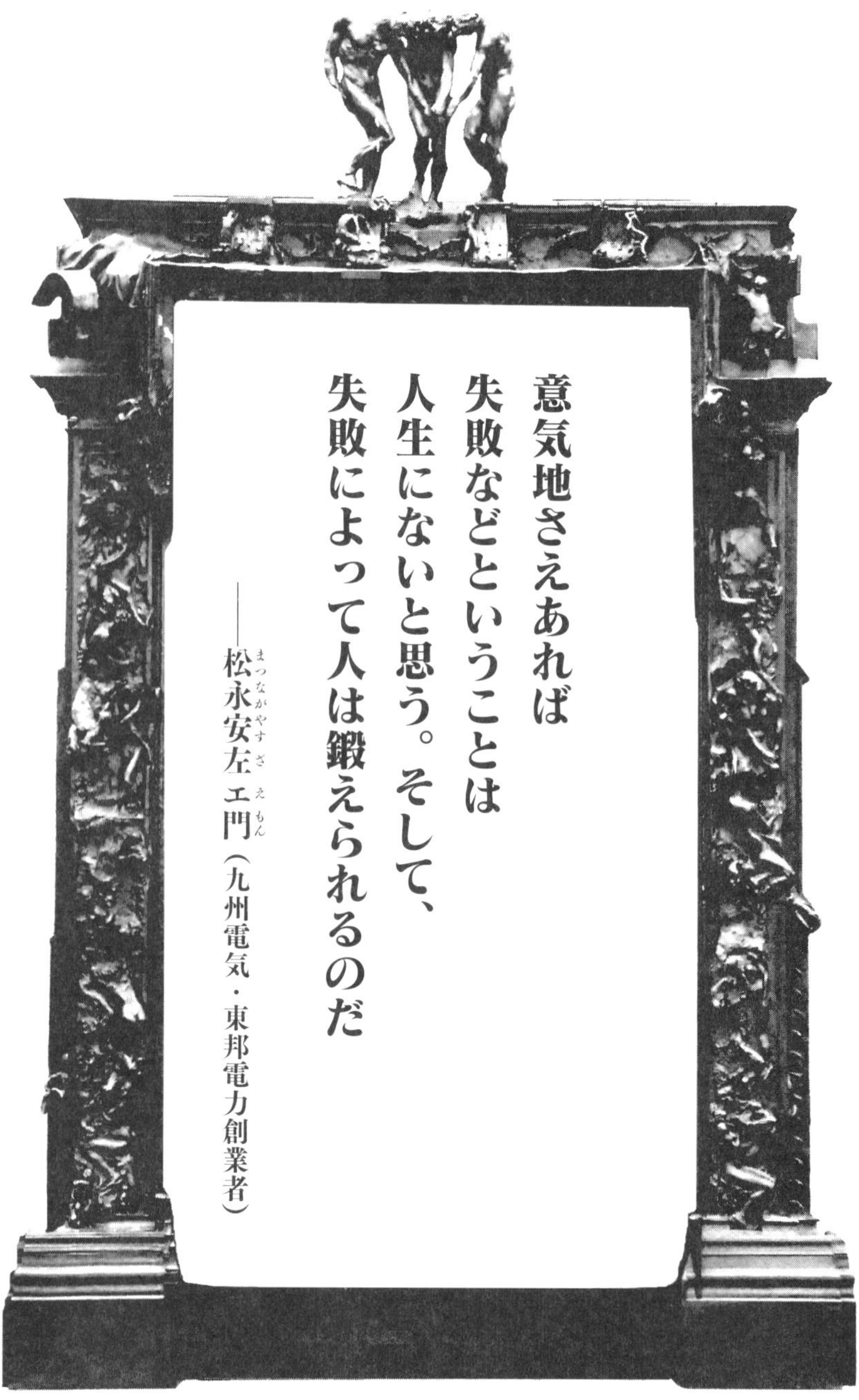

意気地さえあれば
失敗などということは
人生にないと思う。そして、
失敗によって人は鍛えられるのだ

——松《まつ》永《なが》安《やす》左《ざ》エ《え》門《もん》（九州電気・東邦電力創業者）

松永安左エ門《まつながやすざえもん》は１８７５年、壱岐島《いきのしま》（長崎県壱岐郡石田村）に生まれた九州電気・東邦電力の創業者。戦後の日本における電力事業でリーダーシップをとり、「電力の鬼」と呼ばれた。

生家は運送、酒屋、金融など様々な業種を手がける庄屋だった。父親が急逝すると松永は18歳であとを継ぐが、２年後には事業を人手に渡して上京。島の一商人で、自分の一生を終える気は全くなかった。

慶応義塾で学んだ後、日本銀行、丸三商会を経て「福松商会」を起業するが、持ち株が暴落して一文無しに。さらに火事で自宅が全焼という憂き目に遭う。

この言葉は、絶望から何度となく這い上がった松永だからこその実感だろう。紆余曲折を経て、松永が生涯の仕事となる電気事業と出会ったのは１９１０年。35歳のときだった。

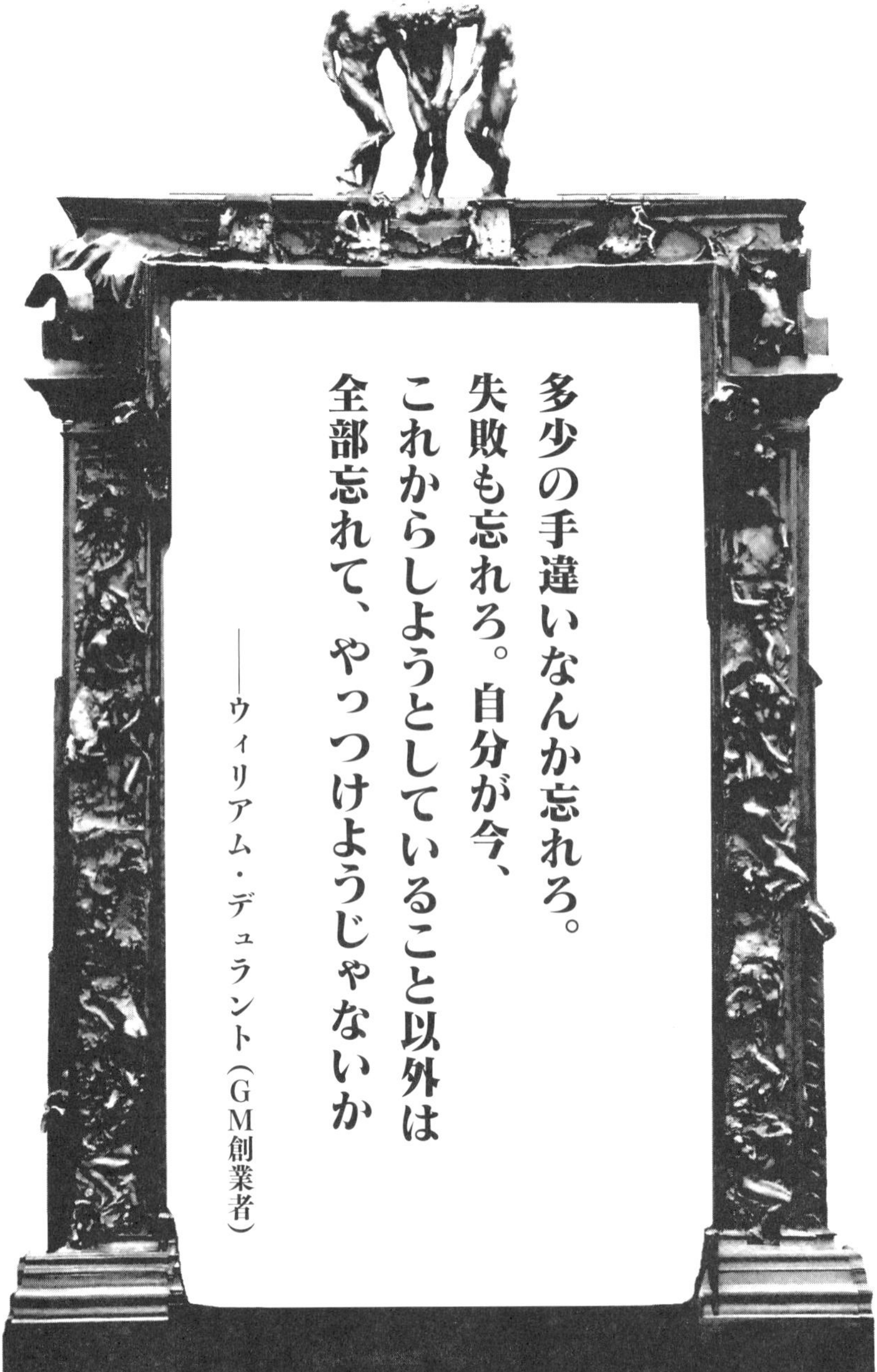

多少の手違いなんか忘れろ。
失敗も忘れろ。自分が今、
これからしようとしていること以外は
全部忘れて、やっつけようじゃないか

——ウィリアム・デュラント（GM創業者）

ウィリアム・デュラントは１８６1年、アメリカのマサチューセッツ州に生まれたＧＭの創業者。

高校を中退すると、様々な職を経て、友人と馬車工場の経営に乗り出して、大成功を収めた。

スプリング式のサスペンションを携えた乗り心地のよい馬車は、たちまち全米各地に販売網を広げ、最大手の馬車メーカーへと成長を見せた。

40歳を迎える頃にはミリオネアとなったデュラント。時代の流れを敏感に感じ取り、活躍の場を自動車市場へと移した。破産寸前だった自動車メーカーのビューイック社を買収し、３年後には全米トップ企業にまでのし上がらせた。

１９０８年にＧＭを設立した自動車王の言葉がこれだ。

事業拡張を第一に考えたデュラントは、一時期は経営危機に陥って自らの会社から追放される憂き目にも遭うが、低価格車の開発により、再び自らの会社を手中に収めた。不屈の精神から生み出された言葉。

六〇点主義で即決せよ。
決断はタイムリーになせ

――土《ど》光《こう》敏《とし》夫《お》（経団連名誉会長）

土光敏夫《どこうとしお》は１８９６年、岡山県の農家に生まれた経団連名誉会長。

東京高等工業卒業後、東京石川島造船所に就職。技術者として「土光タービン」という異名をとるほどタービンの設計に打ち込んだ。その後、石川島芝浦タービンに移籍し、１９４６年には社長の座に就いた。

その経営手腕を買われた土光は大赤字に苦しむ石川島重工業や東芝から請われて社長に就任し、ともに経営の立て直しに成功。東芝では「社員諸君にはこれまでの３倍働いてもらう。役員は10倍働け。私はそれ以上に働く」と檄《げき》を飛ばした。

これは「ミスター合理化」と呼ばれた、土光ならではの言葉。

財政再建と行政改革に命を捧げた土光は、１９８１年には第２次臨時行政調査会会長を歴任。国鉄の分割民営化や三公社の民営化を推進するなど、日本の構造改革のために汗を流した。

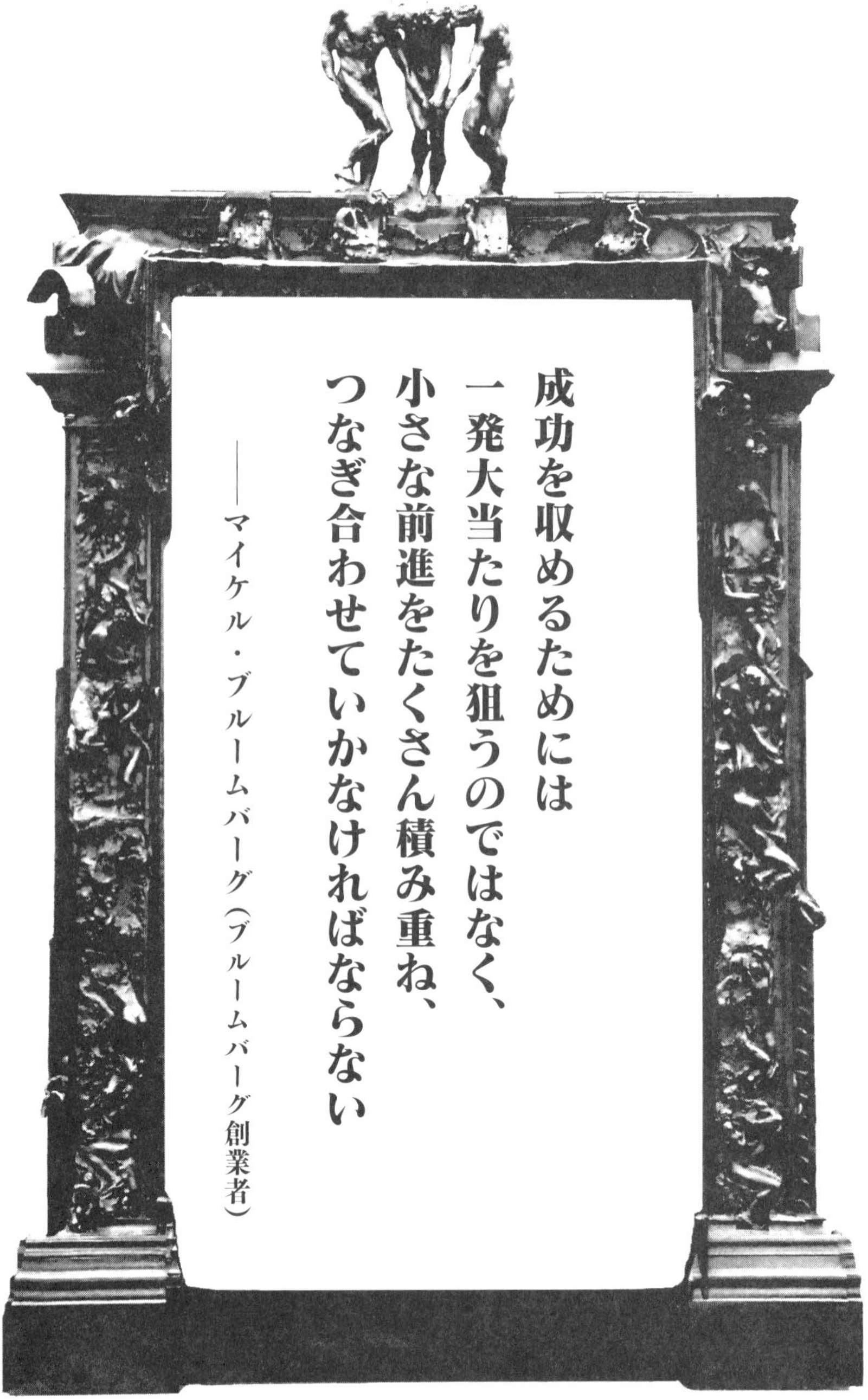

成功を収めるためには
一発大当たりを狙うのではなく、
小さな前進をたくさん積み重ね、
つなぎ合わせていかなければならない

——マイケル・ブルームバーグ（ブルームバーグ創業者）

第1章　戦いに勝つ言葉◆13

マイケル・ブルームバーグはアメリカの実業家、政治家。ジョンズ・ホプキンス大学電気工学科を卒業後、ハーバード・ビジネス・スクールでMBAを取得。大手証券会社勤務を経て1981年に金融情報会社を創設した。情報端末の販売で会社を急成長させながら、メディアにも積極的に進出。月刊誌の発行、全米初の金融情報専門ラジオ局（WBBR）の設立し、衛星放送「ブルームバーグ・テレビジョン」をスタートさせた。さらに、2002年から2013年までは、ニューヨーク市長を3期にわたって務めている。

2015年のフォーブズでは、約35億5000万ドル（約4兆2000億円）の資産を誇った大富豪ブルームバーグ。成功の秘訣を語ったのが、この言葉だ。

小さな前進とは、どんなことだろうか。

サラリーマン時代、ブルームバーグは、早朝に出勤してかつ誰よりも遅くまで働いた。会社の滞在時間をできるだけ長くすることで、確固たる人間関係を築き、組織で必要不可欠な人材になろうとしたのだ。

一足飛びに成功することは難しいし、できたとしても長続きはしない。大きな成功は、いつでもコツコツ積み重ねた果てにある。

成功は最低の教師だ

——ビル・ゲイツ（マイクロソフト社会長）

ビル・ゲイツは１９５５年、アメリカのワシントン州に生まれたマイクロソフトの共同創業者。

13歳で初めてプログラミングを書いたビル・ゲイツは、シアトルの地でコンピューターの虜となった。ハーバード大学在学中に、友人ポール・アレンとアルテア用ＢＡＳＩＣ言語を作成。19歳のときに２人でマイクロソフト社を創立し、事業に専念するため、大学を中退した。

以降、ＭＳ‐ＤＯＳやＯＳ市場のほとんどのシェアを牛耳るWindowsを作り出したビル・ゲイツ。世界で１、２を争う大富豪となり、世界長者番付１位にも輝いた。

20世紀最大のビジネス成功者によって放たれた言葉。

その理由としてビル・ゲイツは「優秀な人間をたぶらかして、失敗などありえないと思い込ませてしまう」と後に続けている。

成功体験がなければ事業を継続させるのは難しい。だが、それに囚われてもまた、それ以上の未来はやって来ない。

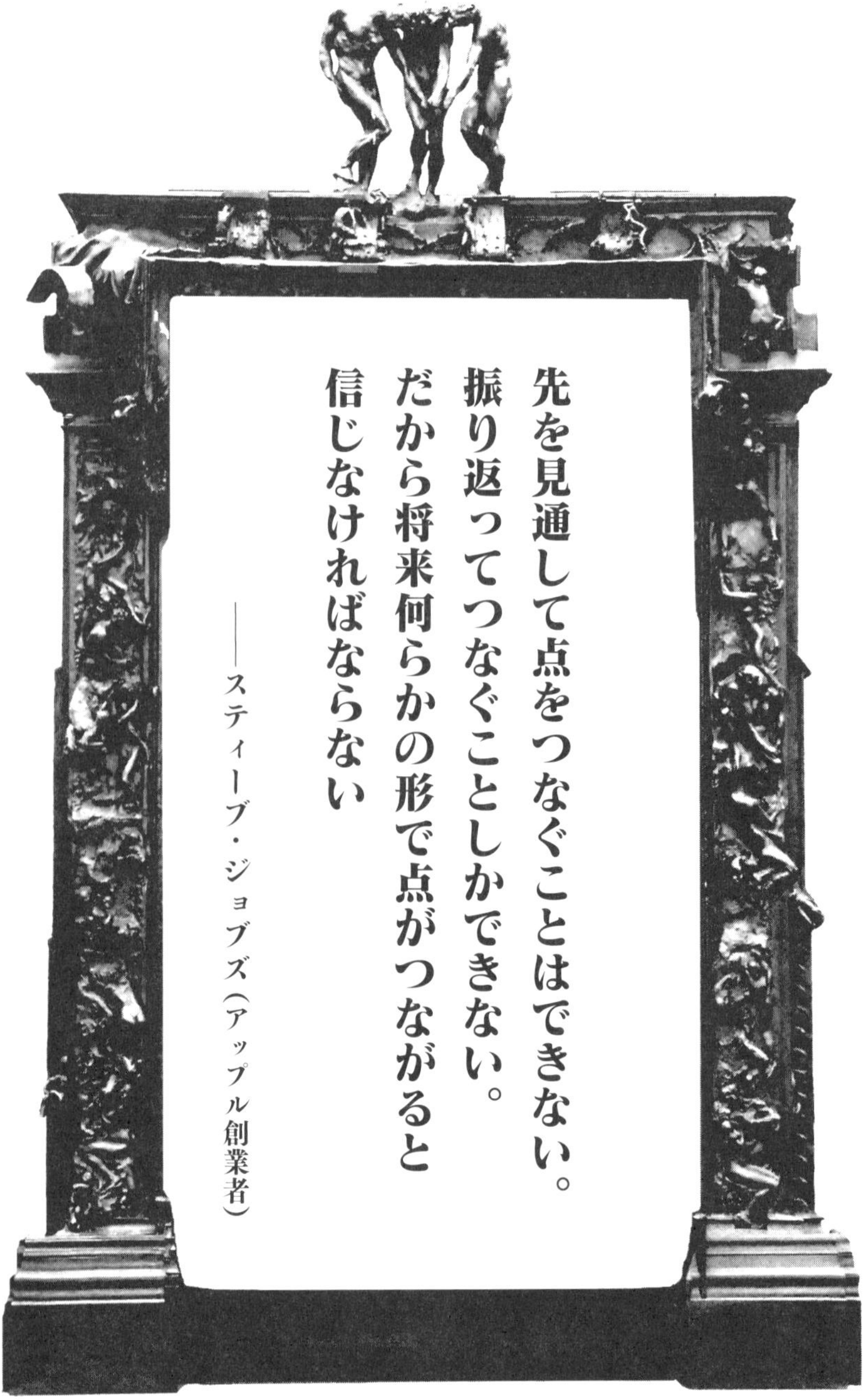

先を見通して点をつなぐことはできない。
振り返ってつなぐことしかできない。
だから将来何らかの形で点がつながると
信じなければならない

――スティーブ・ジョブズ（アップル創業者）

スティーブ・ジョブズは１９５５年、カリフォルニア州サンフランスコで生まれたアップルの創業者。

ジョブズは、幼くしてエレクトロニクスに開眼したが、かなりの寄り道をしている。リード大学へ進学したジョブズは半年で中退したにも関わらず、大学の寮に住みついてヒッピー同然の生活をした。そして、コンピューターとは全く異なる分野である哲学や文字芸術の講義にだけ顔を出していた。

だが、このときに「禅と瞑想」にのめり込んだジョブズは、パソコンのファンの音こそが集中の妨げになるとし、「静かなパソコン」の開発に邁進《まいしん》。また文字芸術の講義で、文字間のスペースによって印刷物がいかに映えるかを学んでいたため、それがマッキントッシュの設計で生かされた。いずれも、これまで誰も思いつかなかった視点による改善であった。

冒頭の言葉は、ジョブズがスタンフォード大学での卒業祝賀スピーチで残した言葉。自分の経験が人生のどのタイミングでどのように結実するかはわからない。

広告代をケチるのは
節約とはいわない。
売り上げを減らすだけだ

——重《しげ》光《みつ》武《たけ》雄《お》（ロッテ創業者）

重光武雄《しげみつたけお》は１９２２年、朝鮮慶尚南道《けいしょうなんどう》に生まれたロッテの創業者。18歳のときに日本に渡り、新聞・牛乳配達などをしながら、１９４６年に早稲田実業学校を卒業。カッティングオイル生産工場を設立するが、戦争により全焼してしまう。石鹸《せっけん》製造によって事業を持ち直させた重光は、駐屯する米国兵が噛んでいたガムに注目。すぐさま風船ガムを売り出し、大ヒットを放った。大学卒業から2年後にはロッテを設立。チューインガム事業に本腰を入れた。

外食産業、ホテル産業、そしてプロ野球球団の経営と多角的な事業展開に成功したロッテ・重光の言葉がこれだ。広告費を惜しまない重光の経営哲学が、ロッテの名コピー「お口の恋人」を生み出した。

カニのように
横にはってでも前進せよ

——江《え》崎《ざき》利《り》一《いち》（グリコ創業者）

江崎利一《えざきりいち》は１８８２年、佐賀県神埼郡蓮池村《かんざきぐんはすいけむら》に生まれたグリコの創業者。

小学校卒業後すぐに家業の薬種業に携わり、19歳で亡くなった父のあとを継ぐ。葡萄酒業で成功を収めると、35歳で江崎商会大阪出張所を開設した。

江崎が漁師の捨てる牡蠣《かき》の煮汁に目をつけたのは、それから2年後のこと。煮汁からグリコーゲンの成分を発見し、病に伏していた長男に飲ませたところ見事に回復につながった。その経験が栄養菓子「グリコ」の発想へとつながった。

キャラメル業者が減少するなか、あえて「栄養」という観点から市場に挑戦した江崎の言葉がこれだ。

夏場にキャラメルの形が崩れるという試練も、技術開発で乗り越えた。また、有名なゴールインマークをトレードマークに決定するにあたっては、小学校へのリサーチまで行うなど、大ヒットの裏側では試行錯誤が繰り広げられていた。

6歳の時の空想を忘れるな

――ニコラス・ハイエック（スウォッチ創業者）

ニコラス・ハイエックは１９２８年、アメリカ人の父とレバノン人の母の間に生まれたスウォッチの創業者。

１９７０年代末、スイスの時計産業は、日本製の安価な時計の台頭によって大打撃を受けていた。そんな状況のなか、コンサルタントとして活動していたハイエックは、銀行から依頼を受け、世界最大の時計生産グループ「スウォッチ」を創設。スウォッチの誕生は一社の利益にとどまらず、スイスの伝統産業の再建へとつながることとなった。

自由な発想を何よりも大事にしたハイエックの口癖がこれだ。「子供が砂浜で遊ぶような感覚でいればアイディアは生まれてくる」と、ハイエックは言っている。

２００７年５月、ハイエックは銀座に「ニコラス・G・ハイエックセンター」をオープン。エレベーターにショールームを兼ねさせるなど仕掛け満載の設計で、来訪者を楽しませている。

スピード！　スピード！　スピード！

――三木谷《みきたに》浩史《ひろし》（楽天創業者）

三木谷浩史《みきたにひろし》は１９６５年、兵庫県に生まれた楽天の創業者。

兵庫県立明石高等学校を卒業後、１年間の浪人生活を経て、一橋大学商学部へ進学。卒業後は日本興業銀行に入行し、１９９３年、ハーバード大学でＭＢＡを取得した。

１９９５年の阪神大震災で親族や友人を亡くした経験から、「人はいつか死ぬ。人生は有限だ」と実感し、独立の夢を叶えるべく、経営者への道を歩むことを決意。２年後にエム・ディー・エム株式会社を設立した。これが現在の楽天である。

三木谷はインターネットによるショッピングが全く定着していない時代に、楽天市場を開設。

出展してくれるショップを駆けずり回って探しながらのスタートだったが、起業からわずか３年後の２００２年には、ジャスダック上場を果たした。

スピードをなにより重視する三木谷の言葉がこれだ。その理由として、こうも語っている。

「スピードを極限まで高めた先には、想像を絶する頂が見えてくる地点があるのだ」

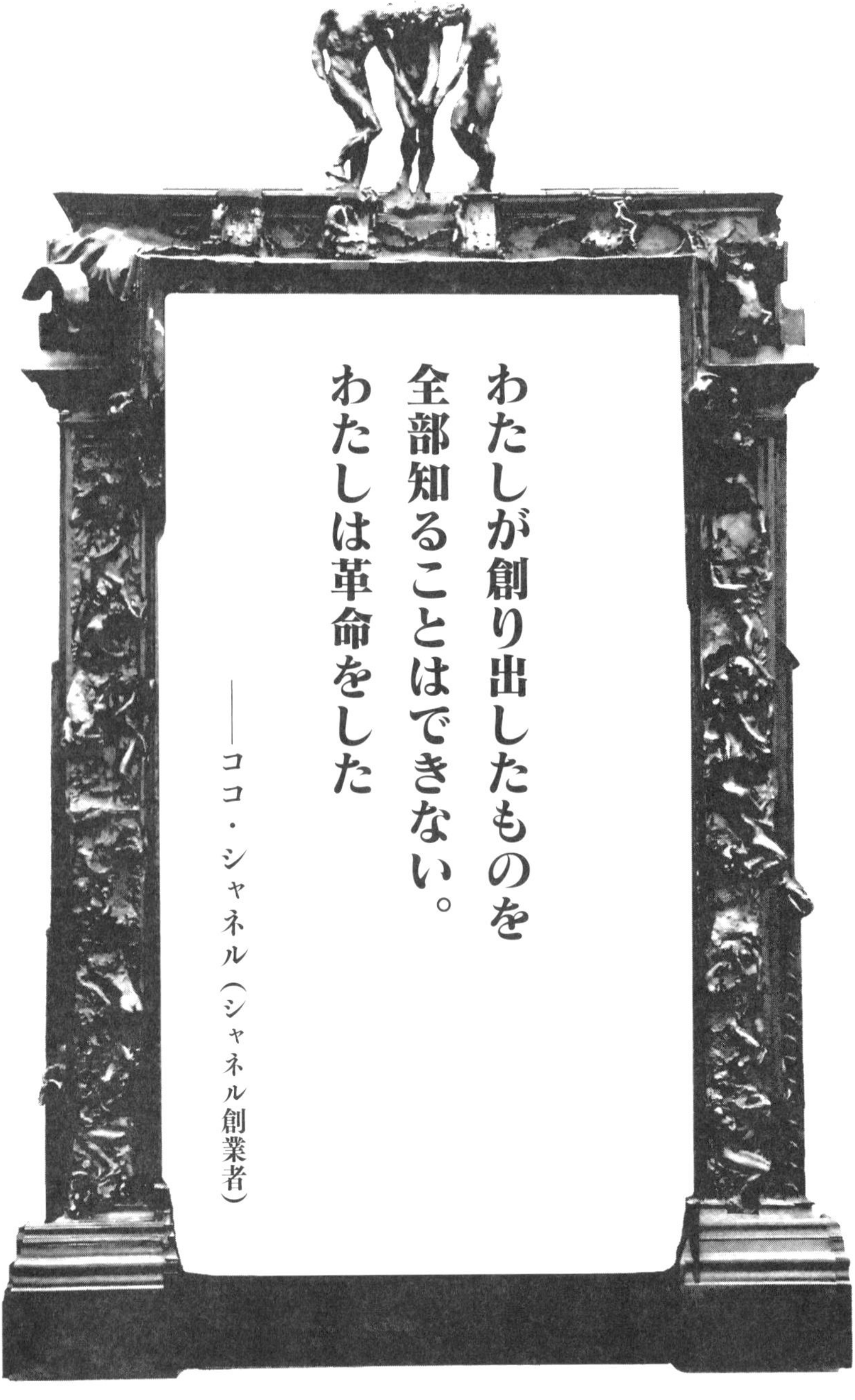

わたしが創り出したものを
全部知ることはできない。
わたしは革命をした

――ココ・シャネル（シャネル創業者）

ココ・シャネルは１８８３年、フランス南西部で生まれたシャネルの創業者。

母をすぐに亡くし、12歳で２人の姉妹とともに孤児院に預けられたシャネルは、ムーランの寄宿学校を経て衣料品店の売り子として働き出した。

１９１０年、恋人のアーサー・カペルの出資のもと、27歳のシャネルはパリのカンボン通り21番地に「シャネル帽子店」を開業。シャネルの帽子は舞踏会、劇場、競馬場でたちまち人気を呼んだ。スカートやジャケットなど服飾も手がけるようになり、機能性の高いシャネルのファッションは、コルセットにがんじがらめにされてきた女性たちを名実ともに解放させた。

高級ブランド「シャネル」を一代で築き上げたシャネルの言葉。

ファッション革命を通じて、シャネルは女性のライフスタイルをまるごと変えてしまった。

いや、いまだからこそやるのだ

——正力《しょうりき》松《まつ》太郎《たろう》（読売新聞社社長）

第1章　戦いに勝つ言葉◆21

正力松太郎《しょうりきまつたろう》は1885年、富山県に生まれた読売新聞社の社長。

東京帝国大学法科大学卒業後に警視庁へ入り、米騒動鎮圧などの功績を残す。警視庁警務部長まで出世するが、1923年の虎ノ門事件で引責辞任し、その翌年、読売新聞の社長に就任した。

1931年、満州事変が起こると、正力は速報戦を制するべく夕刊の刊行を決断。しかし、編集人員も工場も足りなかったため、現場からは大きな反発を受け、自宅にまで押し掛けられた。実際に東京日日、郵便報知、東朝と夕刊を出した新聞社がことごとく失敗していたが、泣きつく編集部員たちにも動ずることなく、正力はこう言い放った。続いて「人間は増やす。朝日でも、東日でもいい記者があったら、どんどん引き抜いてこい」と現場の尻を叩いた。

この正力の無謀にも見えた判断が結果的に大当たりし、夕刊発行によって読売新聞は数年後、100万部近く部数を伸ばした。

1952年には、日本テレビ放送を設立。民放放送局のシステムを確立した「テレビの父」とも、大日本東京野球倶楽部を発足させた「プロ野球の父」とも呼ばれる正力。近年はCIAとの関与があったという言及もある。

第2章

人を育てる言葉

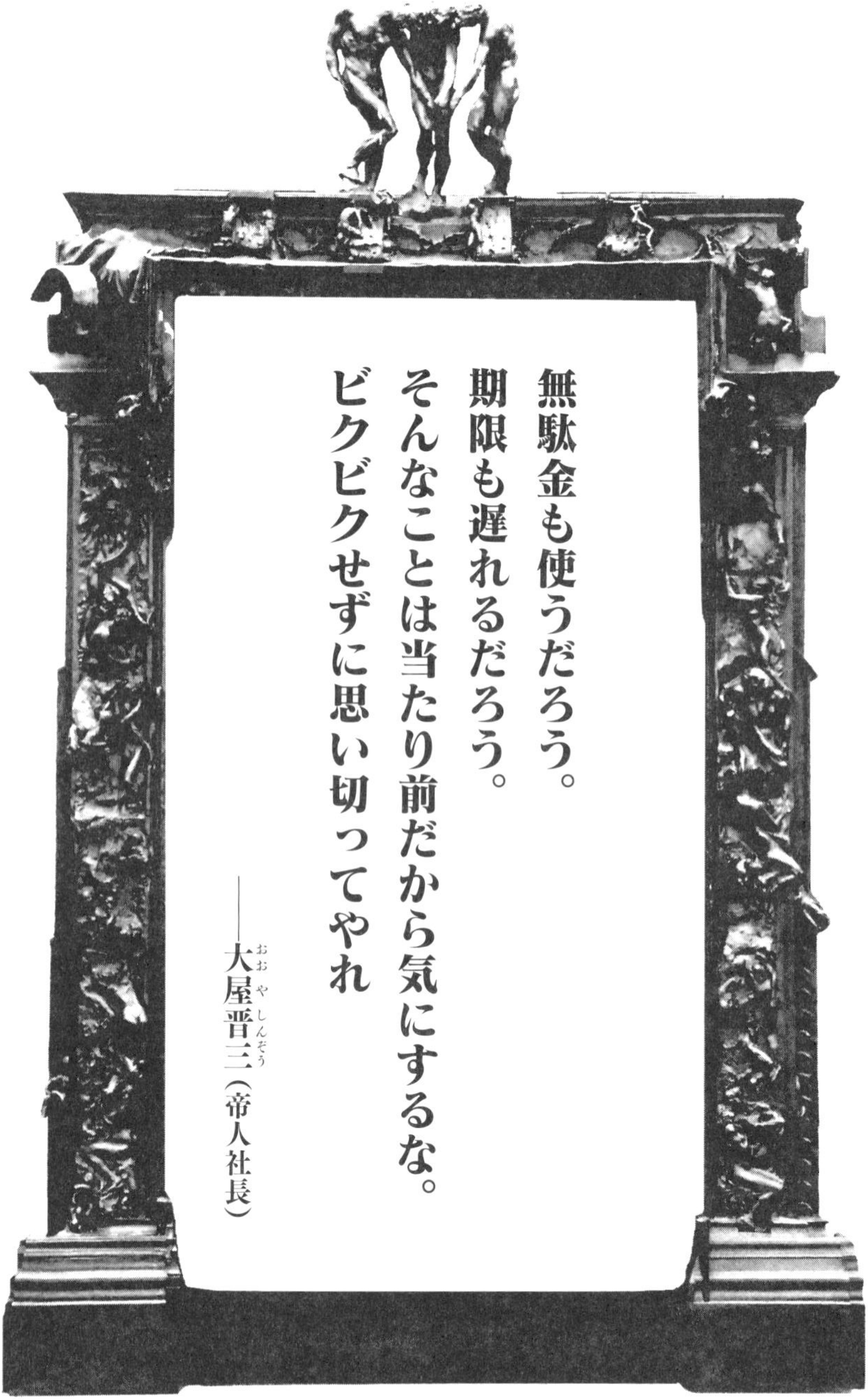

無駄金も使うだろう。
期限も遅れるだろう。
そんなことは当たり前だから気にするな。
ビクビクせずに思い切ってやれ

——大《おお》屋《や》晋《しん》三《ぞう》（帝人社長）

大屋晋三《おおやしんぞう》は1894年、群馬県に生まれた帝人の社長。東京高商を卒業すると鈴木商店に入社。1925年に帝国人造絹絲《ていこくじんぞうけんし》株式会社に派遣された。これが後に帝人となる。

大屋は1945年、社長に就任するが、その2年後には参議院議員に当選して政界へ進出。第2・第3次吉田内閣において商工相、運輸相などを務めた。

業績が悪化して倒産寸前の帝人に、大屋がカムバックしたのは1956年のこと。社長として呼び戻された大屋は「テトロン」の製造技術を導入。帝人を世界一のポリエステル繊維メーカーとして生まれ変わらせた。

他社に後れをとり、帝人が不利な状況にあるとき、大屋が関係者に投げかけた言葉がこれだ。

トップの役割とは、リーダーシップをとること、そして責任を負うこと。

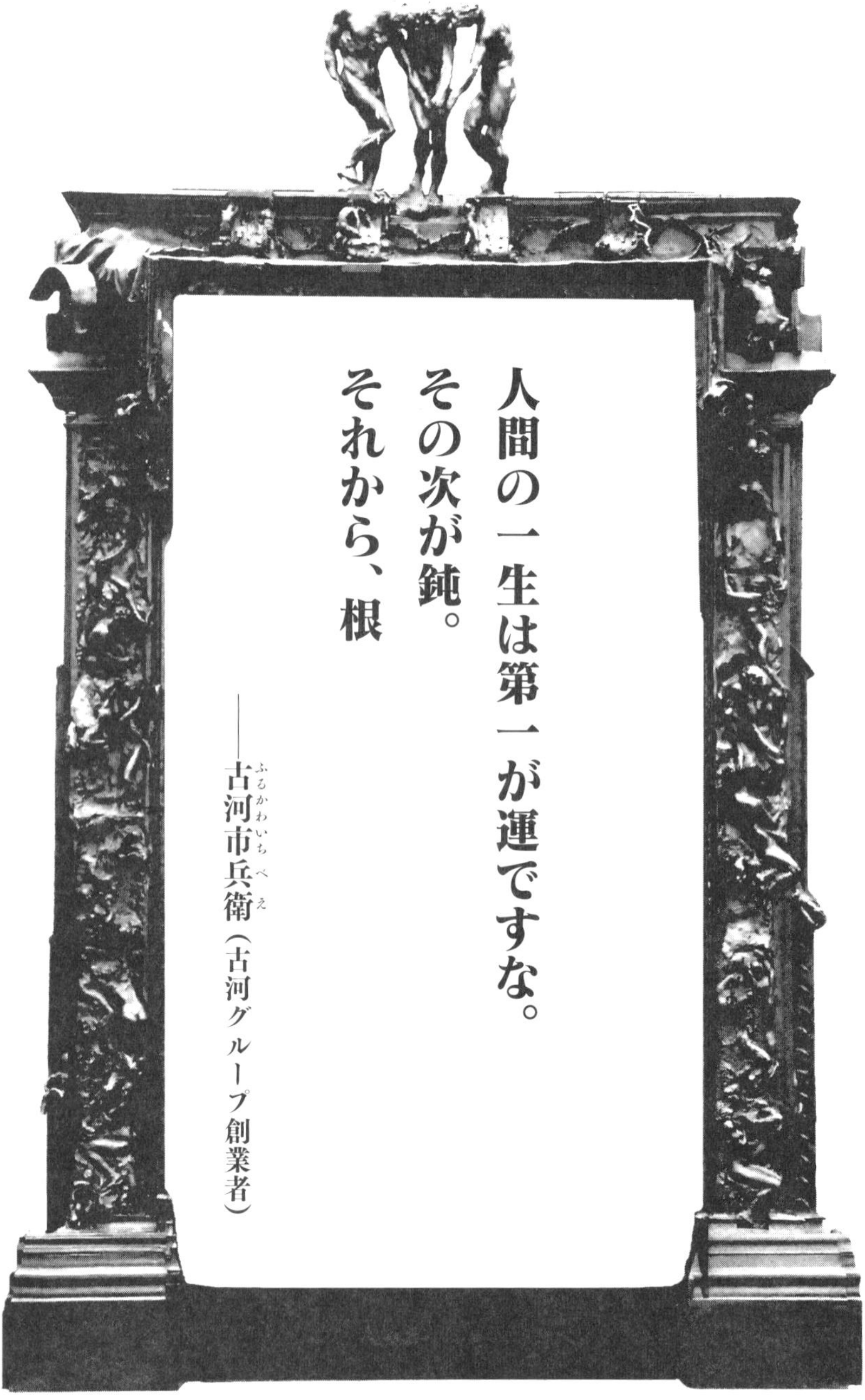

人間の一生は第一が運ですな。
その次が鈍。
それから、根

——古《ふる》河《かわ》市《いち》兵衛《べえ》（古河グループ創業者）

古河市兵衛《ふるかわいちべえ》は１８３２年、京都に生まれた古河財閥の創業者。

生家が没落したため、豆腐を売り歩きながら貧しい幼少時代を過ごす。豪商・小野組の番頭をしていた古河太郎左衛門の養子となると、市兵衛と改名し、生糸貿易で富を築いた。

小野組が破綻した翌年の１８７５年、新潟県で草倉《くさくら》銅山の経営に着手したのを皮切りに、10以上の鉱山を経営。足尾銅山もその一つで、廃山同様だったところを買収し、日本一の産出銅量を誇る鉱山にまで発展させた。それが後に足尾鉱毒事件を引き起こすことになる。

現在の古河グループの基礎を築いた鉱山王はモットーとして、次のように語っている。

「人間の一生は第一が運ですな。同じことをしても運の良い者はやりとげるが、悪い者はやりそこなう。その次が鈍。愚鈍ということです。利口で学問があると、いろいろ考えすぎて大きな仕事が出来かねる。それから、根。根気強くならなければならない」

運、鈍、根。この３要素で、市兵衛は無一文から富豪へと這い上がった。

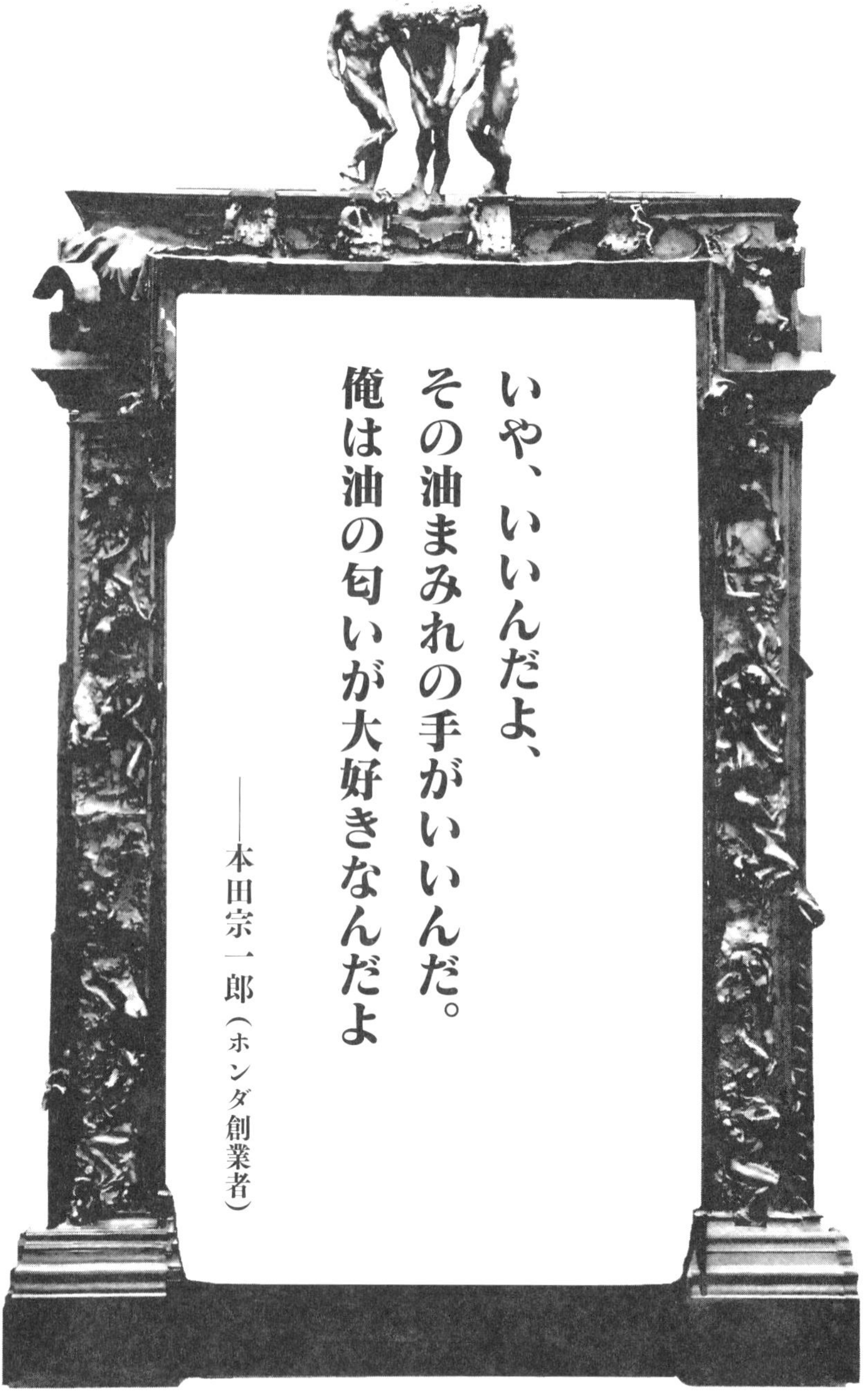

いや、いいんだよ、
その油まみれの手がいいんだ。
俺は油の匂いが大好きなんだよ

——本田宗一郎（ホンダ創業者）

本田宗一郎は修理工から身を立てて、オートバイを開発したホンダの創業者。

１９６１年、世界中から優秀なオートバイが集まるＴＴレース（ツーリスト・トロフィー・レース）において、ホンダのオートバイは見事に優勝し、最優秀賞を獲得。世界の頂点に輝いた。

宗一郎の挑戦は50代になっても衰えることはなく、小さい頃からの夢だった四輪開発に乗り出した。真っ赤なスポーツカーでＦ１に参戦し、1年目こそ惨敗したが、2年目のメキシコ・グランプリでは優勝を飾り、その後は連戦連勝。日本中にＦ１ブームを巻き起こした。

宗一郎は１９７３年、ホンダ創業25周年の年に、65歳で引退した。

退任の挨拶で、「がんばってくれた従業員一人ひとりにお礼を言いたい」と述べた。誰もが本当に実行するとは思いもしなかったが、宗一郎は引退後しばらくしてから数千カ所にある工場や販売店を全国行脚した。

宗一郎が従業員たちと握手を交わしたときのこと。自分の手が油で汚れていたため、慌てて手をひっこめた従業員に対して、宗一郎が言った言葉がこれだ。

従業員と同じ食堂で昼飯を食べ、一緒に将棋を指した宗一郎は、「オヤジさん」と呼ばれ親しまれていた。

おもしれぇことあったか

——岩堀《いわほり》喜《き》之助《のすけ》（マガジンハウス創業者）

岩堀喜之助《いわほりきのすけ》は１９１０年、神奈川県小田原に生まれたマガジンハウスの創業者。

中学卒業後、新聞記者を目指した岩堀は、家族の反対を受けながら家出して上京。明治大学政治学部に入学し新聞部に入るが、学費が払えなくなり、退学となる。日本大学法学部に入りなおし、１９３６年、時事通信社へ入社するも、まもなく退社。戦後間もない１９４５年に設立したのが、凡人社だった。

食糧難に苦しむ時代に、大衆に活字で知識を提供する出版業に乗り出すのは、あまりにも無謀のように見えたが、岩堀が創刊した芸能娯楽誌「平凡」は３万部という爆発的なヒットを生み出した。

これは、岩堀の口癖の一つ。人に会うたびにこう尋ねていたという。

岩堀はこうも言っている。

「好奇心を持って物事を見ているとかならず面白いことがある。それがないのは見付け方が悪いんだ」

アタマは低く、アンテナは高く

――鈴木《すずき》三郎助《さぶろうすけ》（味の素創業者）

鈴木《すずき》三郎助《さぶろうすけ》は1867年、神奈川県葉山に生まれた味の素の創業者。

9歳で父を亡くした三郎助は、18歳のときに母が切り盛りしていた穀物と酒類の小売店を継ぐ。一時は米相場への投機に熱中して身を滅ぼすが、やがて母のヨード（ヨウ素）製造を手伝い始め、徐々にのめり込んでいった。

1908年、三郎助は東京帝国大学の池田菊苗《きくなえ》教授と特許を共有し、世界で初めて「グルタミン酸ナトリウム」の商品化に成功。これが「味の素」である。作家の太宰治をして「絶対、確信を持てるのは味の素だけなんだ」と言わしめるほどの人気商品となった。

今までにない調味料を生み出し、日本の食卓を変えた鈴木三郎助の言葉がこれだ。三郎助の死後、社名は「味の素」に変更され、一大食品グループへと拡大することになる。

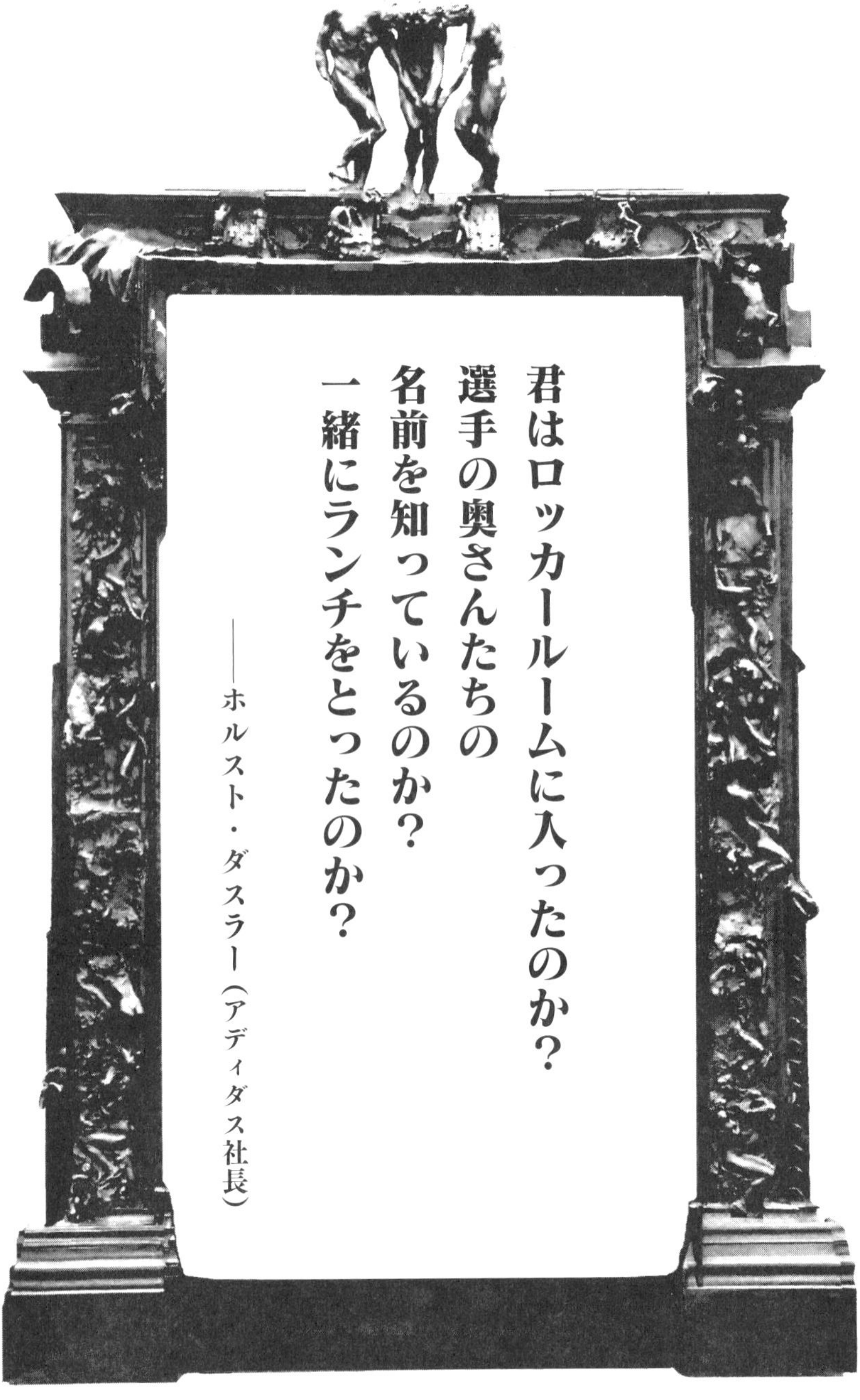

君はロッカールームに入ったのか？
選手の奥さんたちの
名前を知っているのか？
一緒にランチをとったのか？

——ホルスト・ダスラー（アディダス社長）

ホルスト・ダスラーは１９３６年、ドイツ・ニュルンベルク近郊のヘルツォーゲンアウラッハに生まれたアディダスの社長。

ホルストが生まれたとき、父のアドルフ・ダスラーは靴職人で、営業上手の兄のルドルフ・ダスラーとともに、ダスラー兄弟商会を経営していたが、後に２人は決裂。父が創業した「アディダス」の後継者としてホルスト・ダスラーは育てられた。一方、父の兄は「プーマ」を創業。同じく息子のアーミン・ダスラーがそのあとを継ぎ、「アディダスvsプーマ」という兄弟ケンカは、親子２代にわたって繰り広げられた。

幼い頃から靴職人の技術を仕込まれたホルストは商才にも優れており、オリンピックで選手にスパイクを無料で配布する〝フリー戦略〟で、ブランドを浸透させた。

あるとき、アディダスと契約している選手が他メーカーのシューズを使っているのを見て部下が愚痴をこぼしていると、冒頭のように質問を浴びせたうえで「そんなこともしないで、何を期待する？」と叱った。

スタジアムに盛んに出入りしながら、選手だけではなくその関係者の顔と名前まで覚えていたホルスト。選手との太いパイプを構築して、アディダスを世界一のスポーツメーカーへと牽引した。

憎まれ役はわしが一切
引き受けるから、頑張れ

——松永安左エ門（九州電気・東邦電力創業者）

「電力の鬼」と呼ばれた松永安左エ門。

戦後、ＧＨＱから電気事業を政府から切り離すように指令が出ると、74歳の松永は、隠居生活から引っ張り出され、電力再編に大きな役割を果たした。

数々の異論を封じ込めて、北海道、東北、北陸、関東、中部、関西、中国、四国、九州の９電力会社への事業再編を成し遂げると、松永は１９５１年から３年にわたって、電気料金を大幅に値上げすることを宣言した。

当然、庶民からは大反発が起きた。松永の自宅には連日のように脅迫状が届けられ、松永を悪役とする劇まで上演された。

それでも怯むことなく、松永は部下に「民衆が反対するのは実情が分からないからだ。産業人や政治家が反対するのは、民衆に媚びているからだ。憎まれ役はわしが一切引き受けるから、頑張れ」と励ましの言葉をかけた。

松永が断行した電気料金の値上げは、設備投資のための資金を生み、大規模な電源開発によって戦後の不安定な電力は急ピッチで改善された。その結果、電力の需要は周囲の見込みをはるかに越える、年率８％をも上回った。

松永は電力改革により、全国のインフラを整備。経済大国となる基礎をつくった。

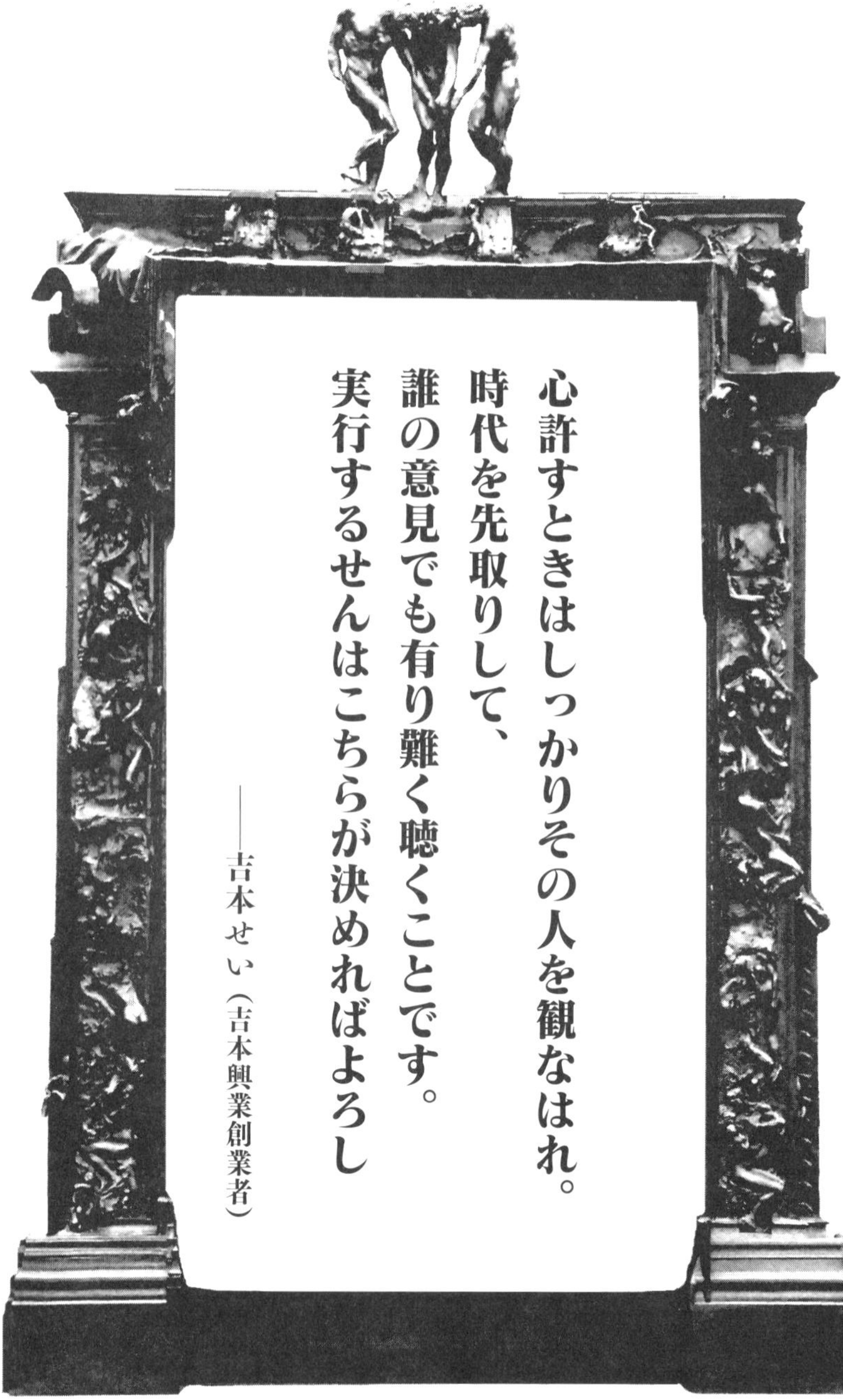

心許すときはしっかりその人を観なはれ。
時代を先取りして、
誰の意見でも有り難く聴くことです。
実行するせんはこちらが決めればよろし

——吉本せい（吉本興業創業者）

吉本せいは1889年、兵庫県明石市で生まれた吉本興業の創業者。せいは19歳で大阪府・船場の荒物問屋に嫁いだ。せいが夫の吉本吉兵衛と2人で寄席興行の経営に乗り出すと、これが思わぬ人気を呼んだため、寄席を次々と買収。一大寄席チェーンを形成した。

せいは夫の死後も実弟とともに、漫才スタイルを確立したとされるエンタツ・アチャコをはじめ、数々の芸人を世に送り出し、1948年、吉本興業株式会社の会長に就任。日本演芸界屈指の名プロデューサーとして名を馳せた。

「演芸界の女傑《じょけつ》」と呼ばれた吉本せいの名言がこれだ。この後には「失敗は何にでもつきもんです、恐れてては何もできまへん」と続く。

せいが嫁いだとき、夫の吉兵衛は芸者遊び三昧で家業はたちまち倒産。苦境のなか、「夫の演芸好きをむしろ生かそう」とせいが思いついたのが、大阪天満宮の天神様の境内を使った小さな寄席であった。そして、それが吉本興業の起源となった。

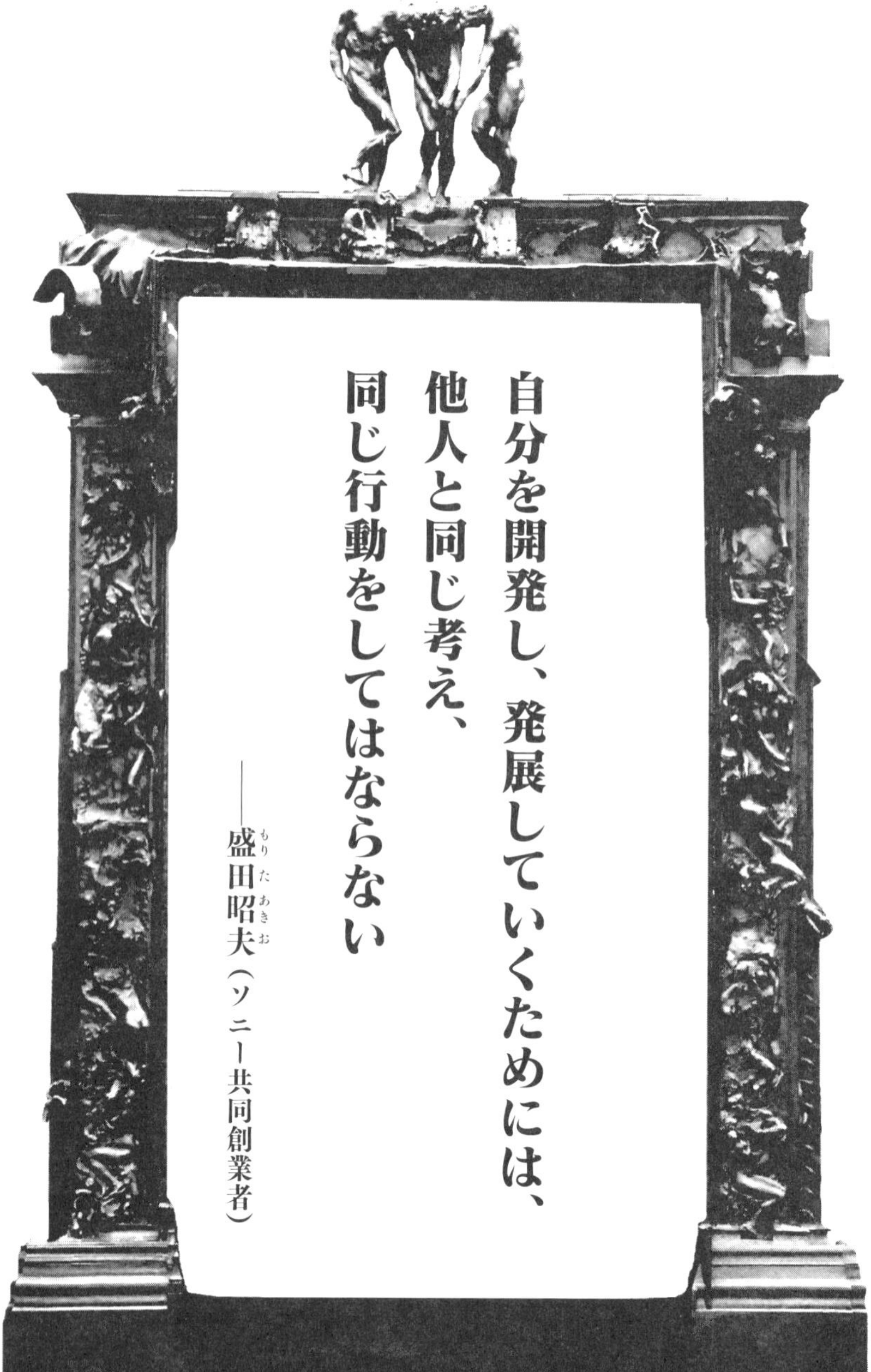

自分を開発し、発展していくためには、
他人と同じ考え、
同じ行動をしてはならない

――盛《もり》田《た》昭《あき》夫《お》（ソニー共同創業者）

盛田昭夫《もりたあきお》は1921年、愛知県で生まれたソニーの創業者の1人。

酒屋の長男だった盛田は、大阪帝国大学理学部物理学科を卒業後、技術中尉として海軍に所属。戦後を迎えると、戦時研究委員会で知り合った井深大《いぶかまさる》らと東京通信工業を設立した。これが1946年のことで、後にソニーとして世界に羽ばたく大企業となる。

テープレコーダーやステレオ装置を開発し、事業を軌道に乗せた井深は、1955年、日本初のトランジスタラジオを発売。ソニーへと社名を変更してからも、世界初のトランジスタテレビ、そしてウォークマンと、世界的なヒットを飛ばし続けた。

「メイド・イン・ジャパン」の名声を築いた盛田の言葉がこれだ。人の行く道の裏に花あり。

人間にはいかに円くとも、
どこかに角がなければならぬ

――渋《しぶ》沢《さわ》栄《えい》一《いち》（渋沢財団創業者）

渋沢栄一《しぶさわえいいち》は１８４０年、埼玉県深谷市血洗島《ちあらいじま》に生まれた渋沢財閥の創業者。

家業の畑作を手伝いながら、父や従兄弟の尾高惇忠《おだかあつただ》から論語などの漢学を学んだ。一橋家に仕えた渋沢は、27歳のときに徳川慶喜の実弟・後の水戸藩主、徳川昭武《あきたけ》に随行しパリ万国博覧会に出席した。

明治新政府後は大隈重信に請われて大蔵省に入るが、方針に反発して1年で退官。その後、渋沢は実業家として八面六臂《はちめんろっぴ》の活躍を見せた。第一国立銀行・王子製紙・大阪紡績・東京瓦斯《がす》など、渋沢が組織作りに携わった企業は約５００社に上っている。

これは、明治維新後の近代的企業の創立に力を注いだ渋沢の言葉。空気を読んでばかりでは、嫌われなくとも人間としてつまらない。

真摯さはごまかせない

——ピーター・ドラッカー（経済学者）

ピーター・ドラッカーは１９０９年、オーストリアのウィーンに生まれた経営学者。

ハンブルク大学、フランクフルト大学を経て公法、国際法の博士号を取得。29歳にしてナチスの本質を暴いた『経済人の終わり』を発表し、後のイギリス首相チャーチルから激賞を受けた。

クレアモント大学院で教鞭をとりながら、数多くの企業、病院、政府、大リーグ球団など様々な分野で経営コンサルタントとして活躍。現代のマネジメントの理論を世に知らしめ、経営学の第一人者となった。

右の言葉は「マネジメントの父」と称されたドラッカーによるもの。

２００５年11月11日、96歳を目前にしたドラッカーは、30冊以上の著作を残し、この世を去った。

大好きな女性を口説き落とすんだと思ってやれ

——木《き》村《むら》皓《こう》一《いち》（ミキハウス創業者）

木村皓一《きむらこういち》は１９４５年、滋賀県に生まれたミキハウスの創業者。関西大学経済学部を2年で中退し、アルバイトをしていた野村證券に入社。父がオーナーを務める婦人服メーカーを経て、26歳で子ども服製造卸会社「三起産業」を創業。経営者としての人生を歩み始める。

品質にこだわった「ミキハウス」というブランド戦略で、小さな個人商店を子ども服のトップ企業へと育て上げた木村。営業マンにかけていた言葉がこれだ。

口説くときは、男であれ女であれ、ありとあらゆる愛情や知性、教養などが発揮される。恋した相手への細やかな態度で営業相手と接すれば、トラブルが起きることもない、と木村は考えていた。続けて「カンや感性が大事なんです。人間だからこそ、情が大切なんです」とも言っている。

木村はスポーツ支援にも力を注いでおり、柔道の野村忠宏などミキハウス所属のアスリートの多くが世界を舞台に活躍している。

だから、いっしょに頑張ろうやないか。
ナンバーワンになろう

――高《たか》原《はら》慶《けい》一《いち》朗《ろう》（ユニ・チャーム会長）

高原慶一朗《たかはらけいいちろう》は1931年、愛媛県に生まれたユニ・チャームの創業者。

大阪市立大学商学部卒業後、関西紙業に入社し、29歳で大成化工《たいせいかこう》（現ユニ・チャーム）を設立した。生理用品と紙おむつの分野を開拓したのは、創立から2年目のこと。アメリカで生理用品が堂々と売られているのに驚き、帰国後に新境地の開拓を決めた。

だが、生理用品を扱うことへの男性社員の反発は予想以上に大きいもので、なかには立ち去る社員もいた。それでも高原は方針を覆すことはなく「こっちが恥ずかしいと思ったら買う女性はもっと恥ずかしいのと違うか。そんないわれのない社会通念や古い意識を変える時や」と檄を飛ばし、冒頭の言葉を続けた。

製品開発を繰り返して、自らも生理用品を装着して寝る日々が続いた高原は、在任42年間中39年間増収増益という驚異的な記録を樹立。ユニ・チャームを生理用品・ベビー用・大人用紙おむつにおいて、シェアナンバーワンを誇る企業へと成長させた。

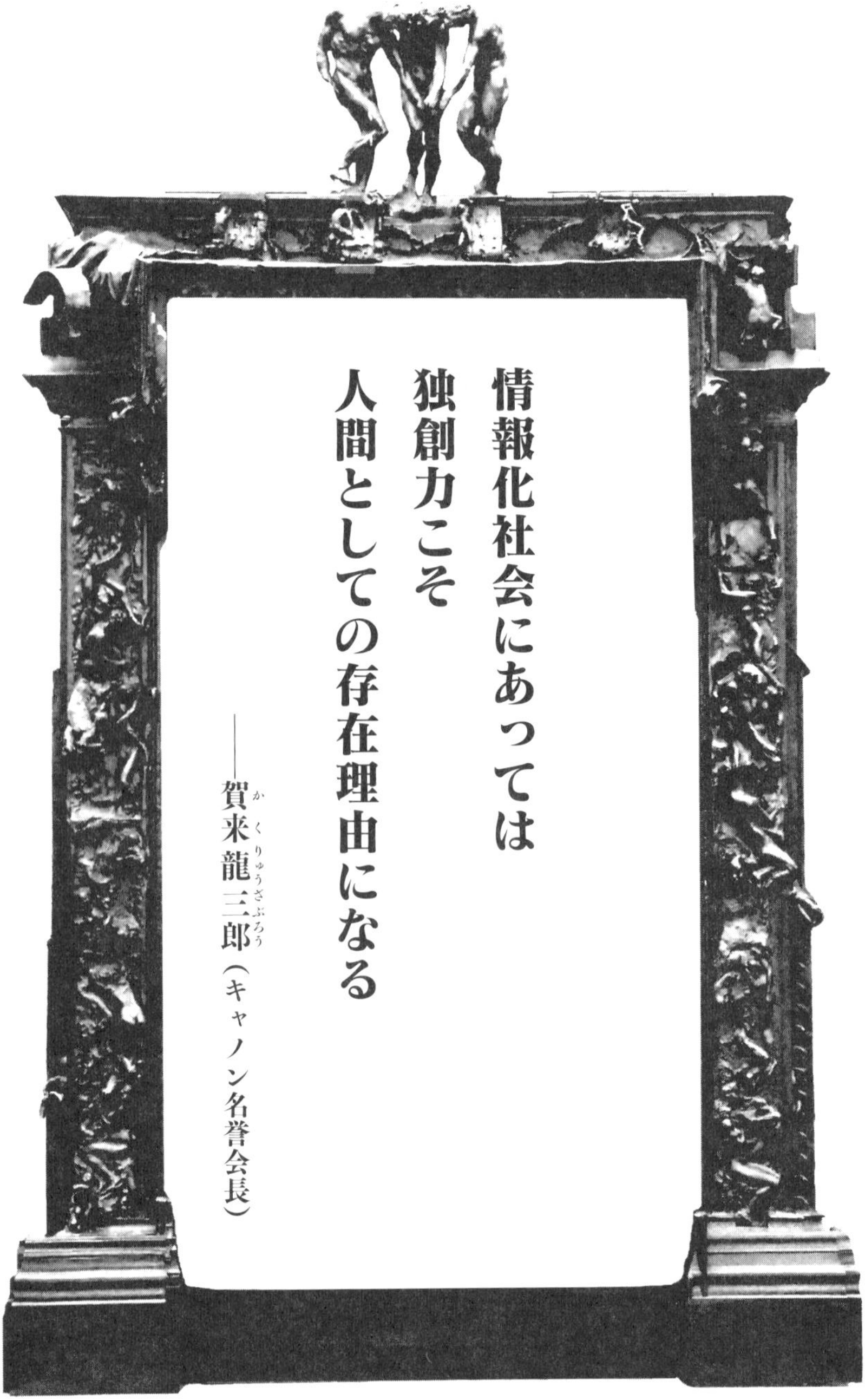

情報化社会にあっては
独創力こそ
人間としての存在理由になる

——賀《か》来《く》龍《りゅう》三《ざぶ》郎《ろう》（キャノン名誉会長）

賀来龍三郎《かくりゅうざぶろう》は１９２６年、愛知県に生まれたキャノンの社長。

九州大学経済学部を卒業後にキャノンカメラ株式会社（現キャノン）に入社。経理、企画などを経て、１９７７年に社長に就任した。

事業の多角化を目指した賀来は、複写機、ワープロ、プリンターなどカメラ以外のオフィス機器を積極的に展開。その一方で、本来のカメラ事業でも電子化を推進させることで、キャノンを繁栄させた。

「共生」という理念を掲げ、組織のグローバル化を図った賀来の言葉がこれだ。日進月歩でテクノロジーが進化する今だからこそ、人間しかできない仕事は何かという命題を、我々は突きつけられているのかもしれない。

黄金、学問、組織・機構、権力、
数・理論、主義、モラルの奴隷になるな

——出光《いでみつ》佐三《さぞう》（出光興産創業者）

出光《いでみつ》佐三《さぞう》は１８８５年、福岡県に生まれた出光興産の創業者。出光は経営者として「人間尊重主義」をモットーとしたことで知られている。

それは、現在の神戸大学にあたる神戸高等商業学校に通っていた頃に、出光が出会った恩師・水島銕也《みずしまてつや》校長と内池廉吉《うちいけれんきち》教授の影響である。明治維新によって武士が職を失い、拝金主義が蔓延する時代のなかで、２人の教えから、出光は金儲けだけに走ることを自らに戒めた。

これは、独自の自治精神を従業員に説いた出光の言葉。

人間中心主義の経営哲学を実践した出光は、「クビを切らない」「定年を設けない」「出勤簿を作らない」「労働組合をつくらない」の四無主義を貫いた。

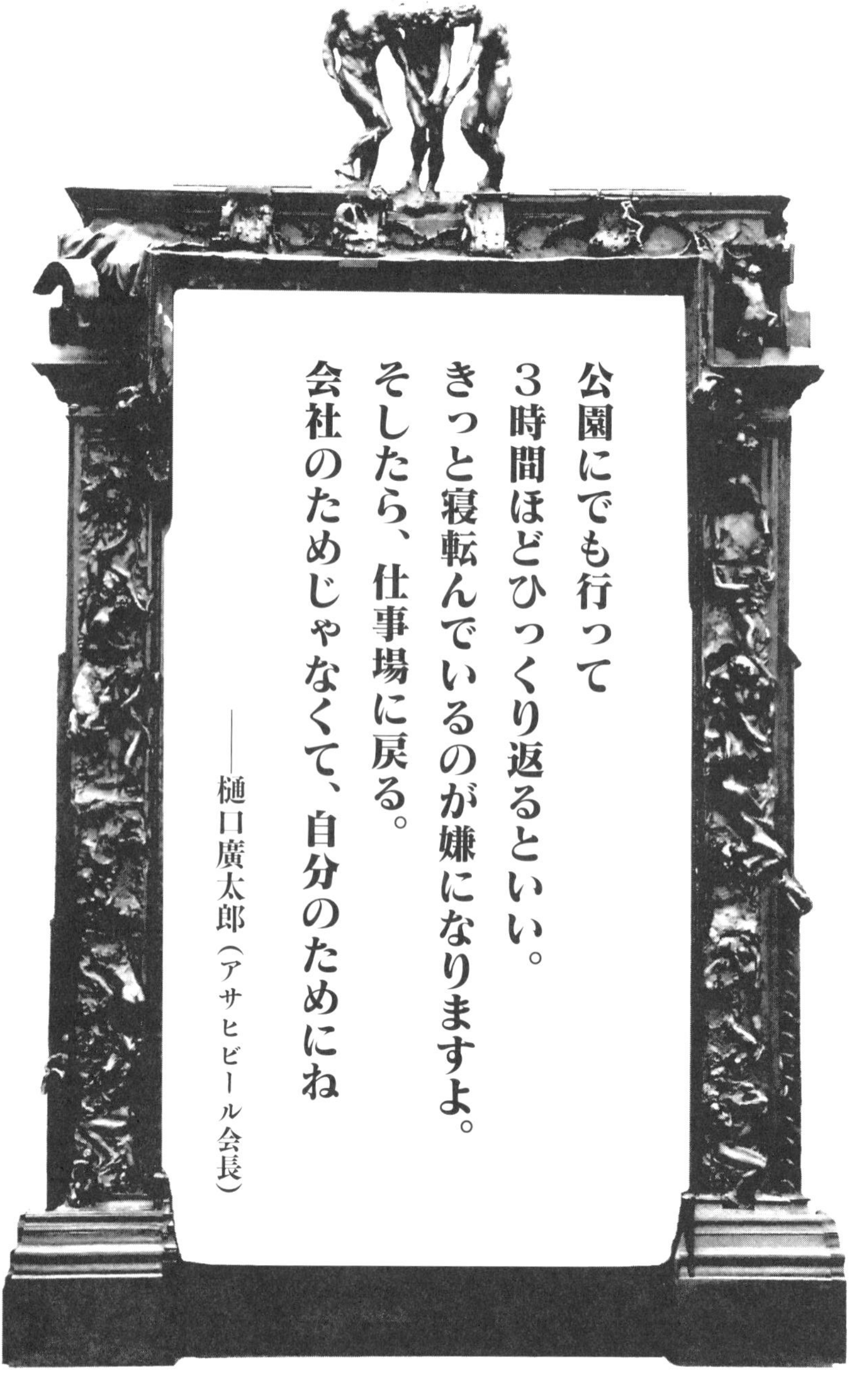

公園にでも行って
3時間ほどひっくり返るといい。
きっと寝転んでいるのが嫌になりますよ。
そしたら、仕事場に戻る。
会社のためじゃなくて、自分のためにね

——樋口廣太郎（アサヒビール会長）

アサヒビールを倒産の危機から救った樋口廣太郎は、在任中に様々な改革を行なった。「製造から3カ月経ったビールは、全国どこにあろうと買い戻して処分」「原材料を買い求めるのにお金を惜しまない」などその経営手法は、当時のビール業界にとっては革新的なものばかりだった。樋口をトップに据えたアサヒビールは、6年間で売上高を3・1倍にまで伸ばすことに成功する。

樋口は仕事に行き詰まったり、人間関係に悩んだりしがちなサラリーマン生活について、冒頭のようにアドバイスした。

経営不振でも人員整理はせず、むしろ社員の給料を上げた樋口。やる気を出させる労働環境作りにも長けていた。

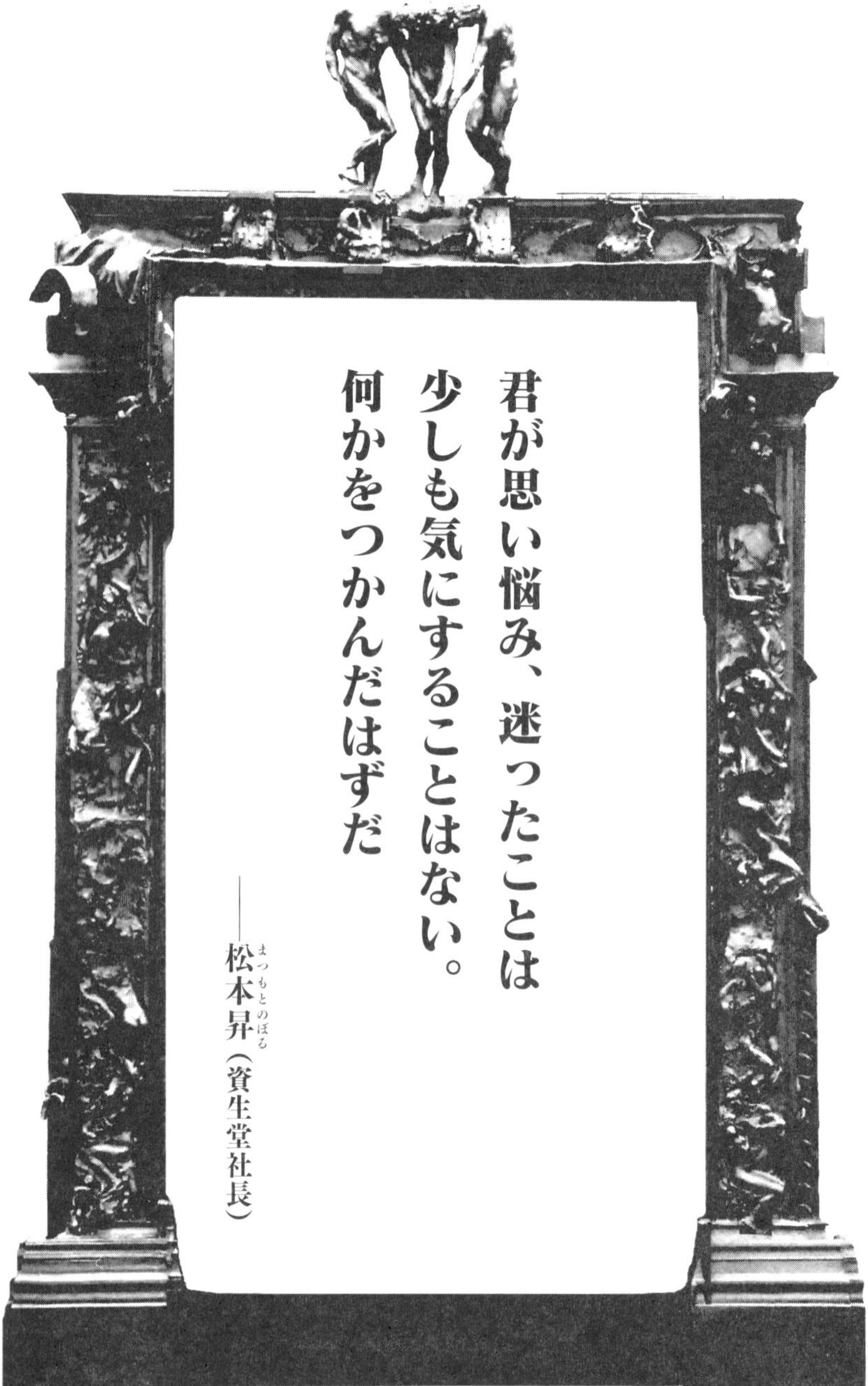

君が思い悩み、迷ったことは
少しも気にすることはない。
何かをつかんだはずだ

——松本昇《まつもとのぼる》（資生堂社長）

松本昇《まつもとのぼる》は1886年、香川県に生まれた資生堂の社長。

高松商業を経て早稲田大学商学部に入学したが中退。百貨店経営を学ぶために渡米して、ニューヨーク大学へと進んだ。皿洗いや百貨店勤務をこなしながらの8年間に及ぶ苦学生時代に出会ったのが、資生堂の初代社長・福原信三だった。

帰国後は福原に招かれ、資生堂の支配人に就任。乱売合戦が吹き荒れる化粧品業界において松本は、適正利潤、適正規模による適正価格を守ることを強く主張。「チェーンストア制度」を導入することが、業界だけではなく、消費者にとっても重要だと考えた。

資生堂の基盤を築いた松本は、人心掌握にも長けていた。

ある日、人事に不満を抱いて2カ月以上、無断欠勤していた部下を松本は呼び出した。叱責するものだと思い込んだ周囲を尻目に「煩悩瞑想の果てに悟りがある」と言い、冒頭の言葉を続けた。てっきり解雇されると思っていた部下はその後、常務にまで昇進。営業を取り仕切る人材へと成長を見せた。

松本は1950年には、政界にも進出。参議院議員として、一企業のみならず、業界のために東奔西走した。

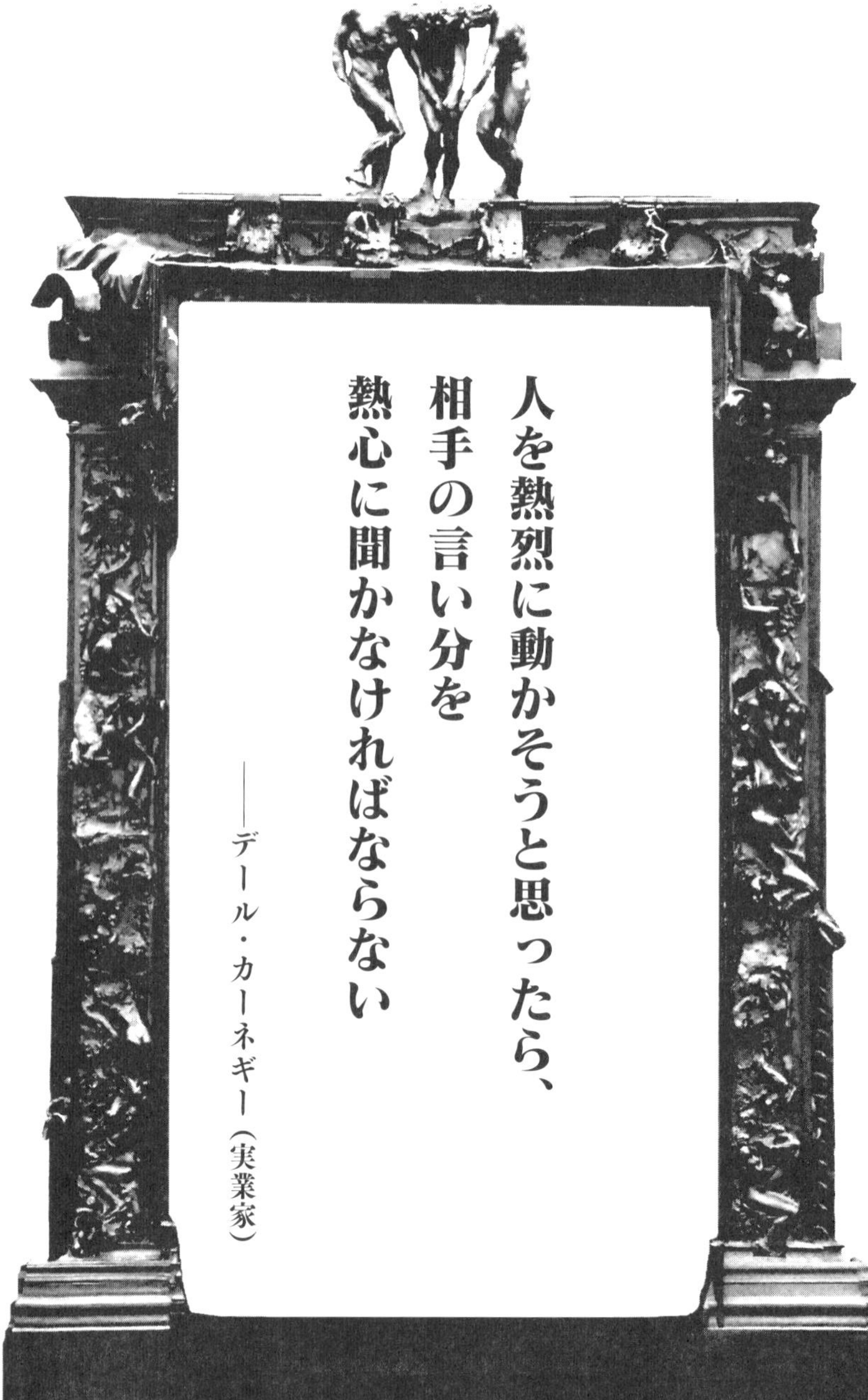

人を熱烈に動かそうと思ったら、
相手の言い分を
熱心に聞かなければならない

——デール・カーネギー（実業家）

デール・カーネギーは1888年、アメリカ生まれの実業家。ミズーリ州立学芸大学卒業後、雑誌記者、俳優、営業マン、トラックの運転手など様々な職業を経て、1912年、ニューヨーク州のYMCAの夜間学校で、弁論術講座を担当した。

話し方から始まった「デール・カーネギー・コース」は、受講者の潜在能力を開花させ、人間関係を良好に築くための成人教育の場として発展。さらに「D・カーネギー研究所」を設立し、デール・カーネギー・トレーニングを国内外で普及させた。

死後50年以上経った今でもなお、多くのビジネスマン、経営者に支持されているカーネギーの言葉が、これだ。カーネギーが1963年に出版した『人を動かす』は全米のみならず、世界中でロングセラーとなっている。

他者を認める重要性を説き続けたカーネギー。人を説得する12原則として「議論をさける」「誤りを指摘しない」「誤りを認める」「おだやかに話す」「イエスと答えられる問題を選ぶ」「しゃべらせる」「思いつかせる」「人の身になる」「同情をもつ」「美しい心情に呼びかける」「演出を考える」「対抗意識を刺激する」を挙げている。

第3章

仕事を愛する言葉

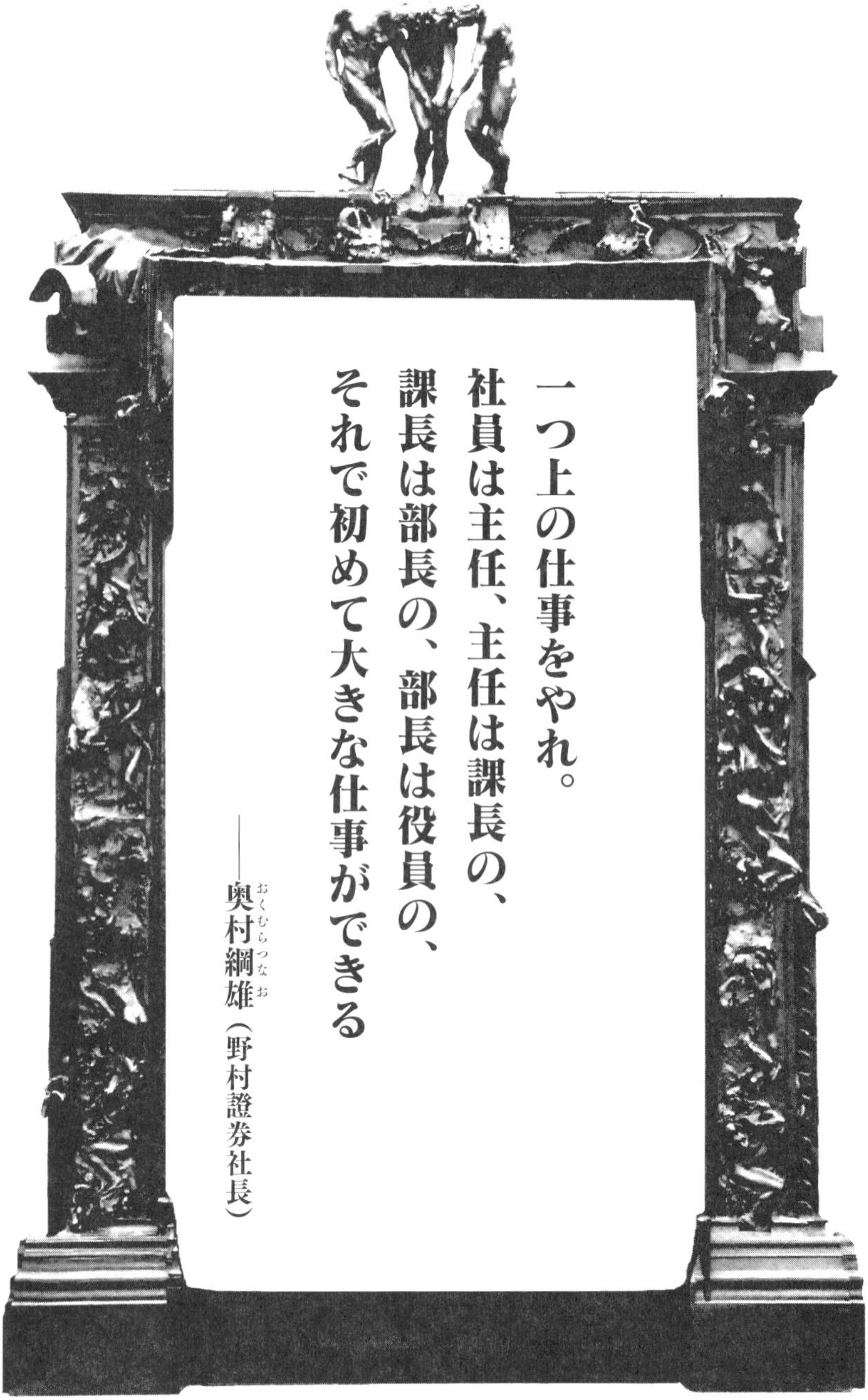

一つ上の仕事をやれ。
社員は主任、主任は課長の、
課長は部長の、部長は役員の、
それで初めて大きな仕事ができる

——奥《おく》村《むら》綱《つな》雄《お》（野村證券社長）

奥村綱雄《おくむらつなお》は1903年、滋賀県に生まれた野村證券の社長。

京都帝国大学経済学部を卒業したが、三井銀行、三菱銀行、山口銀行……と、ことごとく就職活動に失敗。同期が内定辞退してくれたお陰でなんとか決まった就職先が、野村證券だった。

1936年、奥村は社長の野村徳七によって満州国視察団メンバーに大抜擢され、一目を置かれる存在になる。専務、取締役を経て、1948年には、GHQによって公職追放された首脳陣に代わって社長の座に座った。

奥村は財閥指定された「野村」の社名を最後まで守り通し、1951年にはGHQに掛け合って、投資信託法案を実現させた。

野村證券中興の祖と呼ばれる奥村の言葉がこれである。

奥村に社長の座が舞い込んできたのは45歳のとき。自分の権限を言い訳にせず「一つ上の仕事」をやり続けた結果だった。

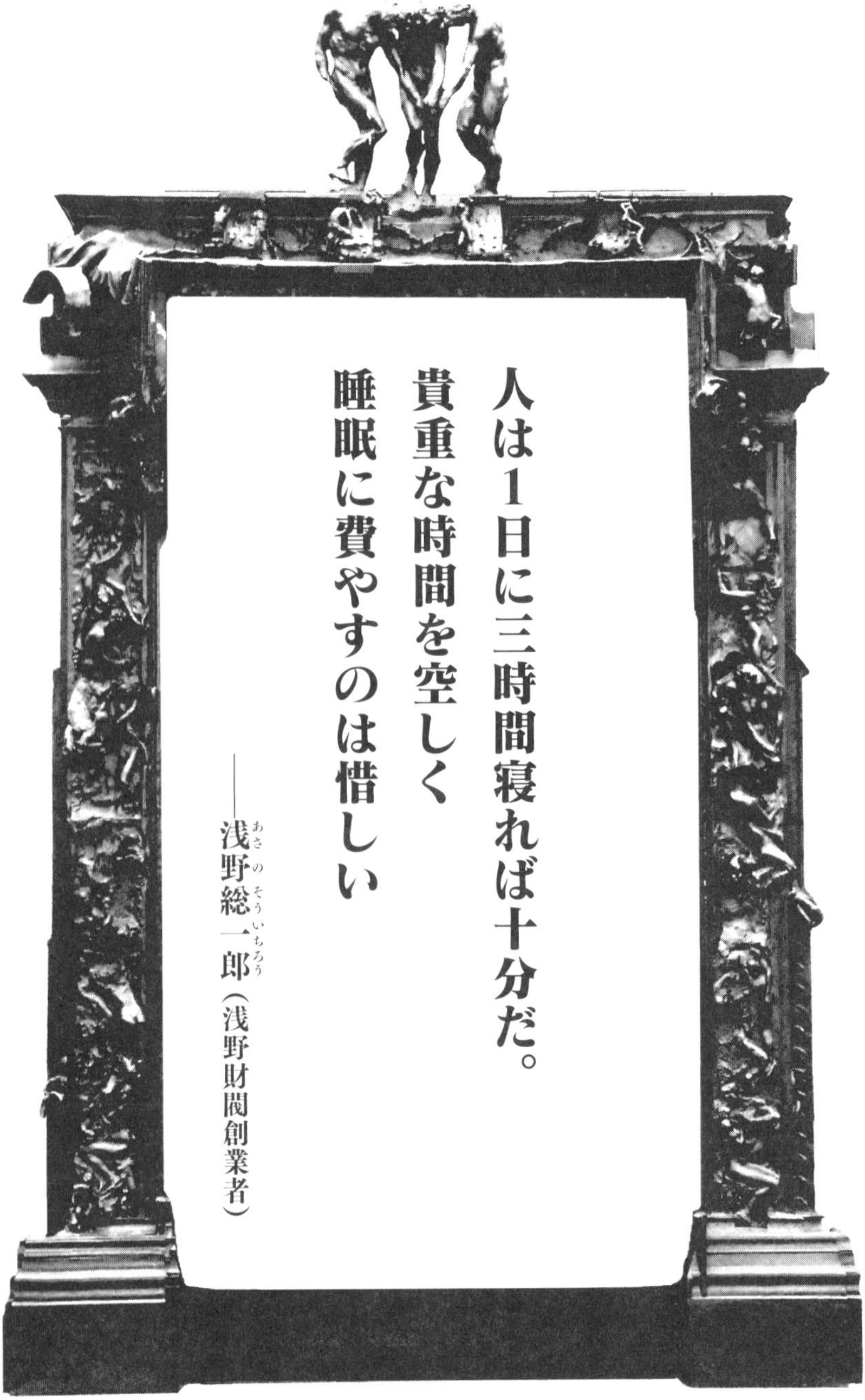

人は1日に三時間寝れば十分だ。
貴重な時間を空しく
睡眠に費やすのは惜しい

——浅《あさ》野《の》総《そう》一《いち》郎《ろう》（浅野財閥創業者）

浅野《あさの》総一郎《そういちろう》は１８４８年、富山県に生まれた浅野財閥の創業者。

20歳で産物会社を興すも資金繰りが苦しくなり、１８７１年、24歳で上京。砂糖を入れた名水を売る「冷やっこい屋」をやりながら裸一貫からのスタートを切った。その2年後に横浜で薪炭《しんたん》や石炭の販売店を開店。石炭の廃物コークスをセメント製造の燃料として用いる方法を開発すると、たちまち利益を上げた。

１９８４年、経営が行き詰まった深川セメント工場の払い下げを受け、浅野セメント（後の日本セメント、現太平洋セメント）を創業。その後は電力事業などにも進出した。

江戸、明治、大正、昭和を駆け抜けたセメント王・浅野の言葉がこれだ。

まるでナポレオンだが、そうでなければ一代で関連企業50社以上の浅野財閥を築くことは難しかっただろう。

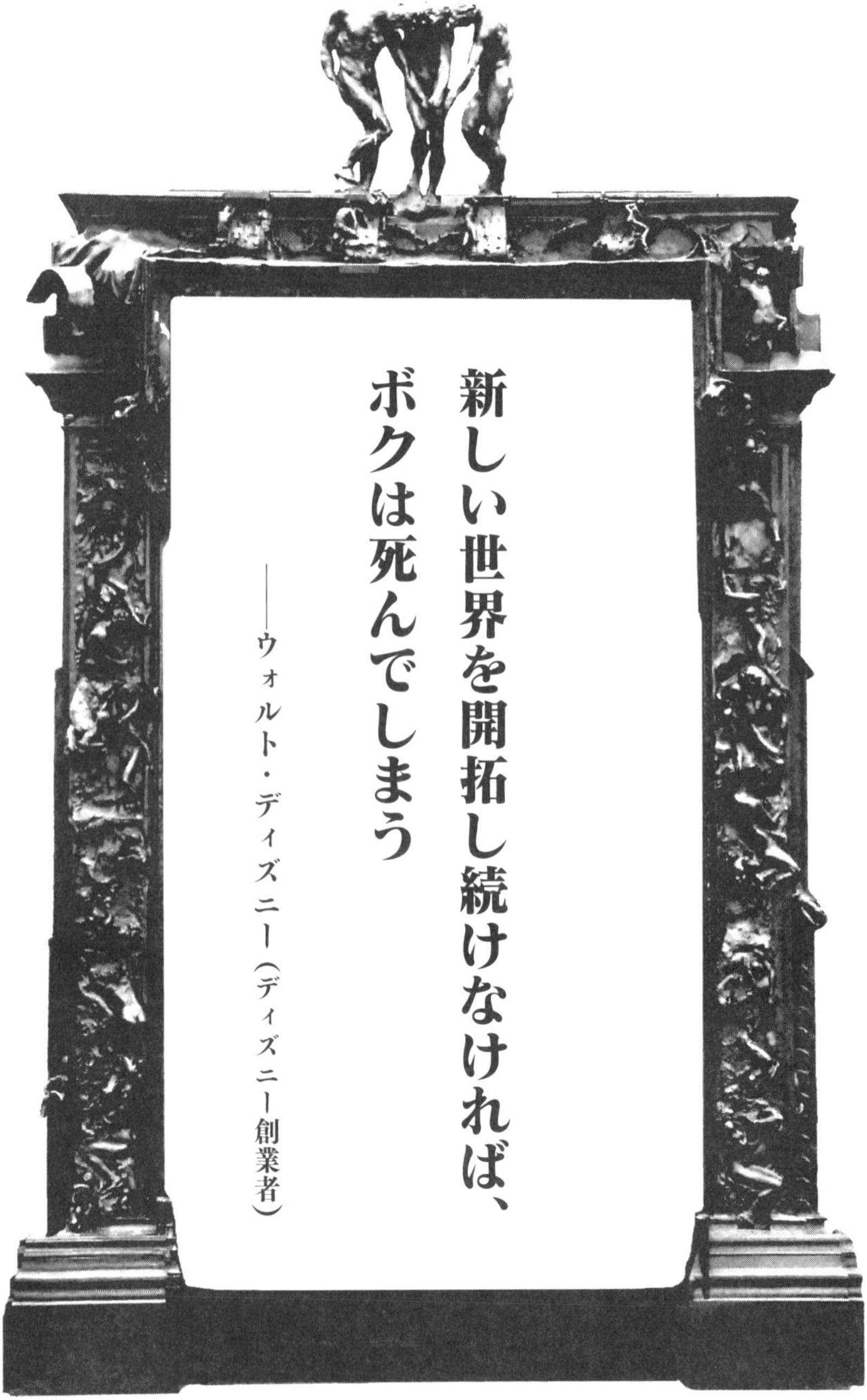

新しい世界を開拓し続けなければ、
ボクは死んでしまう

——ウォルト・ディズニー（ディズニー創業者）

ウォルト・ディズニーは１９０１年、アメリカのシカゴに生まれたディズニーの創業者。４歳でミズーリ州に引っ越し、農場で動物たちとともに、幼少期を暮らした。貧しかったため、学校に通いながら、ゼリー工場や郵便局で働いた。18歳でデザイン会社を起業するがうまくいかず、映画スライド制作会社に就職。現場で経験を積み、１９２３年、兄ロイとともに興したのが、「ディズニー・ブラザーズ・スタジオ」である。

『花と木』『三匹の子ブタ』ではアニメーションのカラー化に初めて挑み、そして『白雪姫』では長編アニメの制作にも成功。現場の反対をいつも押し切って、新境地を次々と切り拓いてきたウォルトの言葉がこれだ。

どれだけ革命的な試みに成功しても、現状に満足できないウォルト。50歳を越えてからも大規模な新事業に乗り出している。畑違いの分野への参入に、周囲からはこれまで以上の大反対が巻き起こった。専門家からも「必ず失敗する」と断言されたが、ウォルトは聞く耳を持たなかった。

その新事業とは、テーマパークの運営である。１９５５年7月17日、周囲の冷やかな視線のなか、ディズニーランドがウォルトの手によって開園された。

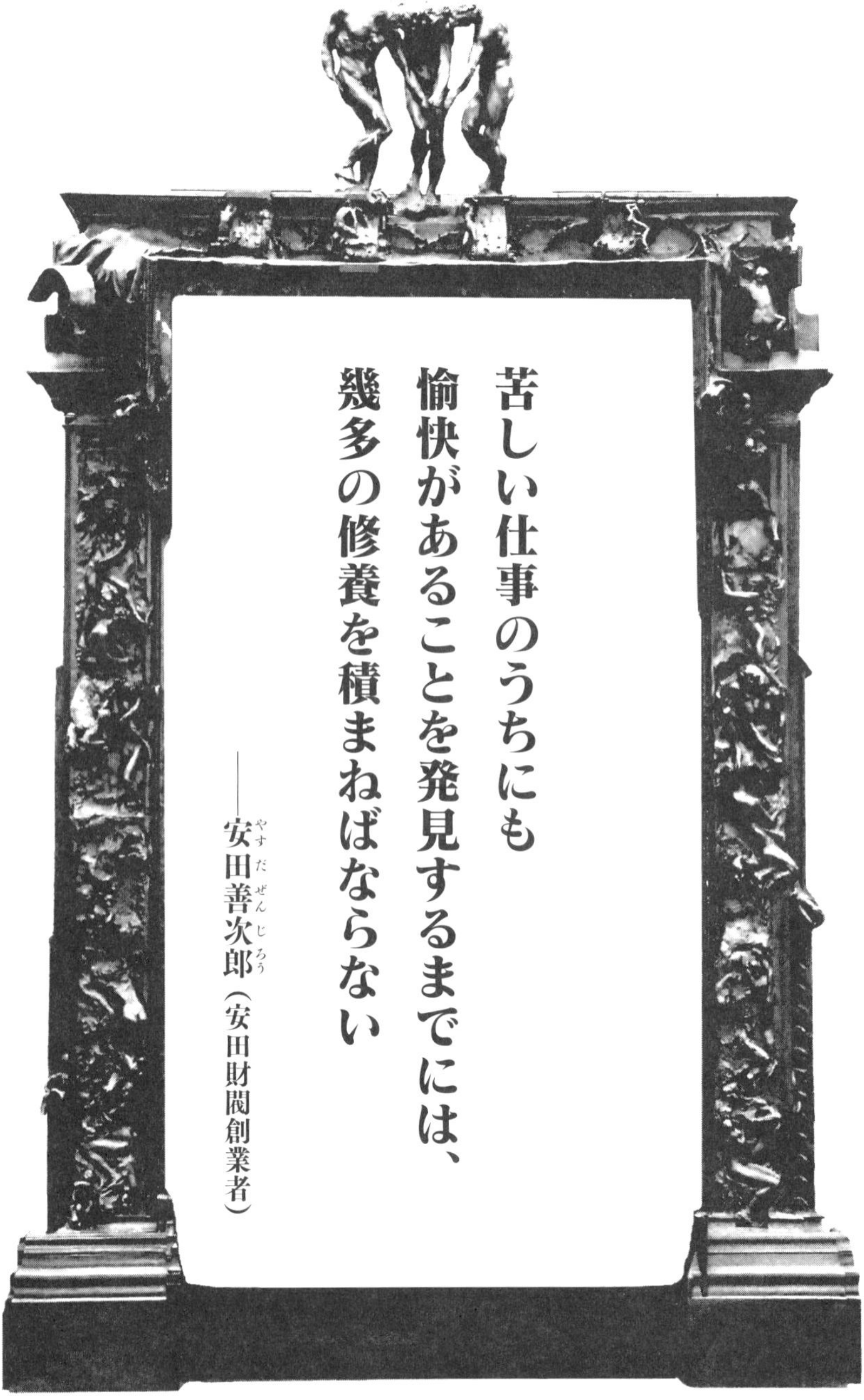

苦しい仕事のうちにも
愉快があることを発見するまでには、
幾多の修養を積まねばならない

——安《やす》田《だ》善《ぜん》次《じ》郎《ろう》（安田財閥創業者）

安田善次郎《やすだぜんじろう》は１８３８年、富山県に生まれた安田財閥の創業者。

少年の頃から蓄財を心掛けていた安田は、20歳で江戸に出て両替店に奉公。その6年後には、自身の両替屋「安田屋」を日本橋人形町に開店し、幕末の混乱期に大金をつかんだ。明治新政府が発足すると、安田は金融業に乗り出し、第三国立銀行、第四十一国立銀行、安田銀行などを創立。安田が救済した破綻銀行は全部で70行に及び、東京の財界における一大人物として脚光を浴びた。

一代で安田財閥を築き上げた安田の言葉がこれだ。

経営者として安田の出発点となった両替屋だが、江戸時代は強盗が多かったため、誰もやりたがらない仕事だった。だからこそビジネスチャンスがあり、リスクを背負ったうえでの成功体験が後に大きな飛躍を産むことになった。

仕事はあきらめてはいけない。
最後のひと押しが成否を決めるのだ

——市《いち》村《むら》清《きよし》（リコー創業者）

市村清《いちむらきよし》は１９００年、佐賀県の小さな農家に生まれたリコーの創業者。中央大学専門部（夜間）法科を中退し、北京に渡って大東銀行に入社。帰国後は、富国生命保険で保険外交員として優秀な営業成績を残した。

退社後は、「理研感光紙九州総代理店」の看板を掲げ、陽画感光紙を売りまくった市村。その評判は本社にも届き、請われて感光紙部長として入社し、１９３６年には、感光紙部門だけを独立させた「理研感光紙株式会社」の社長に就任した。２年後に「理研光学工業」に改称され、これが後にリコーとなる。

市村は保険外交員時代に、訪問先から八度にわたって断られたことがあった。あきらめようとしたが妻にハッパをかけられ、最後の１回と思って臨んだ九度目に、見事に契約を勝ちとった。そのときをふりかえって市村は次のように言っている。

「仕事はあきらめてはいけない。最後のひと押しが成否を決めるのだと、紙一重の差を私はそこで悟ったのだった」

下積み時代の成功体験が、後に経営者としての市村を支え続けた。

志を立てた以上、
迷わず一本の太い仕事をすればいい

――豊田《とよだ》佐吉《さきち》（トヨタグループ始祖）

豊田佐吉《とよださきち》は１８６７年、静岡に生まれたトヨタ自動車の創業者。

大工の父の背中を見て育った佐吉は、名古屋で織物工場の職工の道へと進む。１８９０年に木製人力織機を発明すると、改良に改良を重ねて、発明に没頭。７年後には、動力織機を完成させた。

１９２４年には世界で初めて、高速運転中に全くスピードを落とさずに杼《ひ》の交換ができる、画期的な無停止杼換式《ひがえしき》豊田自動織機（Ｇ型）を完成させた。２年後には、豊田自動織機製作所を創設している。

「世界の織機王」と呼ばれた、トヨタグループの始祖・豊田佐吉の言葉がこれだ。

佐吉は晩年になっても研究を止めることはなく、63歳でこの世を去るまでに多数の特許を取得。アメリカ、ドイツ、イギリス、フランスなど世界でその功績が認められた。

カメラを鉛筆なみの便利な道具に生まれ変わらせたい

——ジョージ・イーストマン（コダック社創業者）

ジョージ・イーストマンは１８５４年、アメリカのニューヨーク州に生まれたコダック社の創業者。

父親の急死により、家計を助けるために14歳から保険会社で働き始め、やがて銀行へと転職。24歳の頃から、プライベートで自前の写真機材の研究に没頭し始めた。

１８８０年、乾板とその製造機の特許を取得すると銀行を辞め、４年後にはイーストマン・ドライ・プレート・アンド・フィルム社を設立。緑と黄色を基調としたカラーデザインとともに「コダック」の名称を商標登録した。

趣味を仕事にしたイーストマン。会社設立当初、描いた理想がこの言葉である。

イーストマンは、その言葉通り、シャッターを押すだけでアマチュアでも写真撮影ができる写真フィルムを普及させ、人々の生活にカメラを定着させた。

「ごきぶりホイホイ」というのが
ええやないか

——大塚《おおつか》正士《まさひと》（大塚製薬創業者）

オロナイン軟膏、オロナミンC、ボンカレー……。日本人ならば、大塚正士《おおつかまさひと》による数多くのヒット商品を知らないものはいないだろう。

大塚正士は1947年、31歳のときに父から大塚製薬工場の経営権を譲渡され、さらに1964年には大塚製薬を設立。単体ではなく、グループ会社の経営に乗り出すことで、事業を拡大できると考え、倒産したアース製薬を救済して、グループに加えた。

ある日、大塚は工場の技術部長から「フラスコに80数匹のゴキブリが入り込んでいた」と報告を受ける。原因は技術部員がフラスコ洗浄を怠ったためだったが、大塚はミスを咎めることもなく、詳しい状況を聞いて興奮した。

「そりゃ、面白い。フラスコに残っていた抗生物質がゴキブリを誘引したに違いない」

すぐさまアースの技術部に商品化を命じ、そのネーミングについて冒頭のように語った。

「ごきぶりホイホイ」は、パッケージデザインも大塚自身が考案し、大ヒット商品となった。

僕が覗くのさ

――スティーブ・ジョブズ（アップル創業者）

生まれてまもなく養子に出されたジョブズは、10歳頃から、エレクトロニクスに強く関心を持ち、リード大学を中退すると、ヒューレット・パッカード社で働くウォズとともに、１９７６年、アップル社を立ち上げた。

まだマニア以外の個人がコンピューターを所有するなど考えられなかった時代に、ジョブズは世界最初の本格的パソコン、マッキントッシュを世に送り出し、シリコンバレーの天才として頂点を極めた。

性能、品質はさることながら、そのデザイン性にも強いこだわりをもったジョブズ。外見だけではなく、マシンのカバーを開けなければわからないような内部基盤の美しさにもこだわった。

不満を抱いた現場のエンジニアから「一体、誰がコンピューターの中まで覗くようなことをするのか」と聞かれると、ジョブズは「僕が覗くのさ」と答えたという。

良い製品を世に送り出すためには手段を選ばないジョブズは、現場にとってトラブルメーカーでもあったが、だからこそ、世界中のアップルファンを熱狂させ続けた。

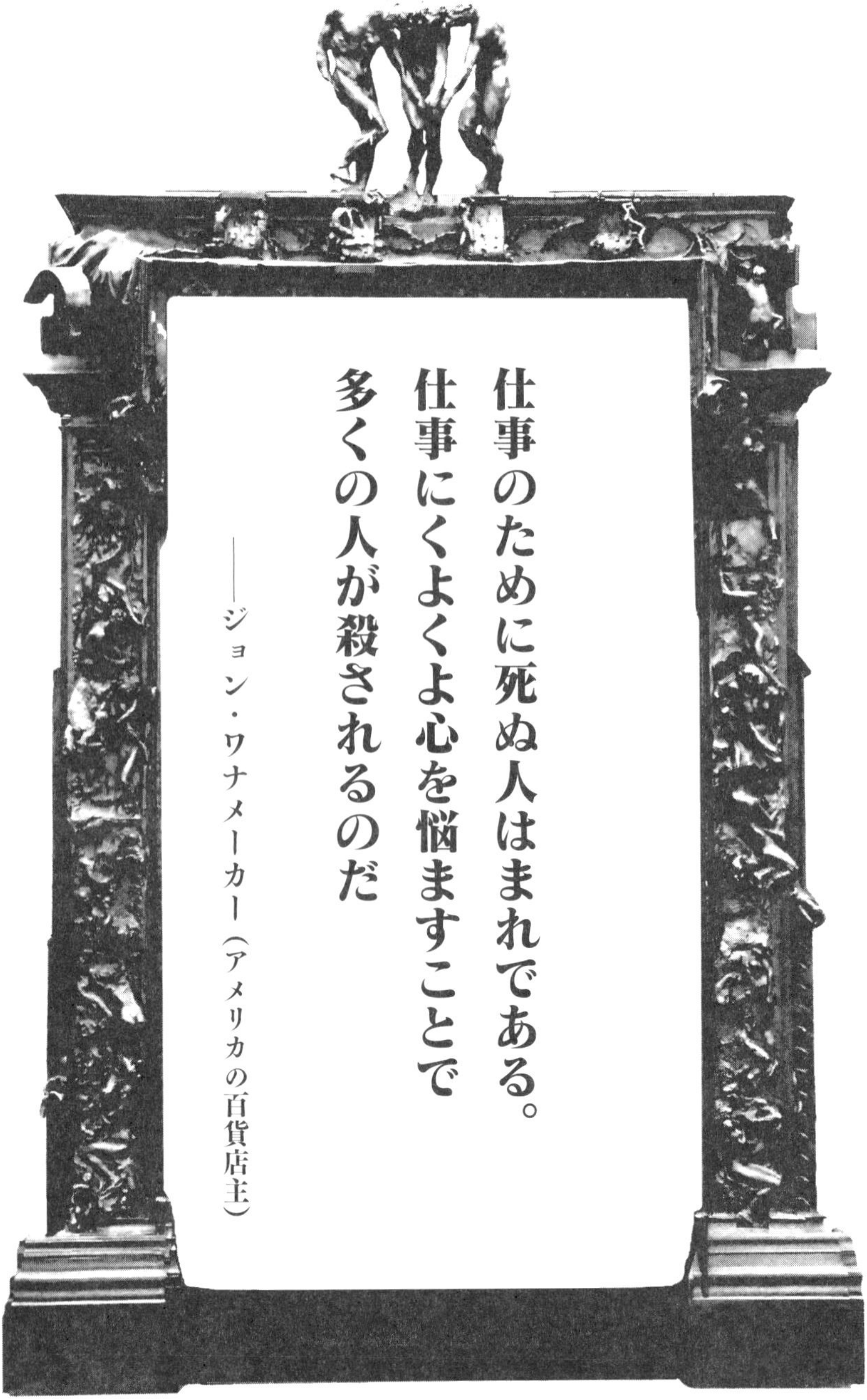

仕事のために死ぬ人はまれである。
仕事にくよくよ心を悩ますことで
多くの人が殺されるのだ

——ジョン・ワナメーカー（アメリカの百貨店主）

ジョン・ワナメーカーは１８３８年、ペンシルベニア州フィラデルフィア市郊外に生まれたアメリカの百貨店経営者。

23歳のときに妻の兄とともに「オークホール洋服店」を開業。返品制度や価格制度の統一など、革新的なアイディアを次々と実現させた。１８７８年にはフィラデルフィアでアメリカ初のデパートメントストアを開業させ、いつしかワナメーカーは百貨店王と呼ばれるまでの人物になった。

「母の日」の生みの親としても知られているジョン・ワナメーカーの名言がこちら。

幼少の頃からレンガ工の父を手伝い、貧しい家計を支えたワナメーカー。過酷な状況でも心を折ることなく努力を続けるための、処世術を身に着けていた。

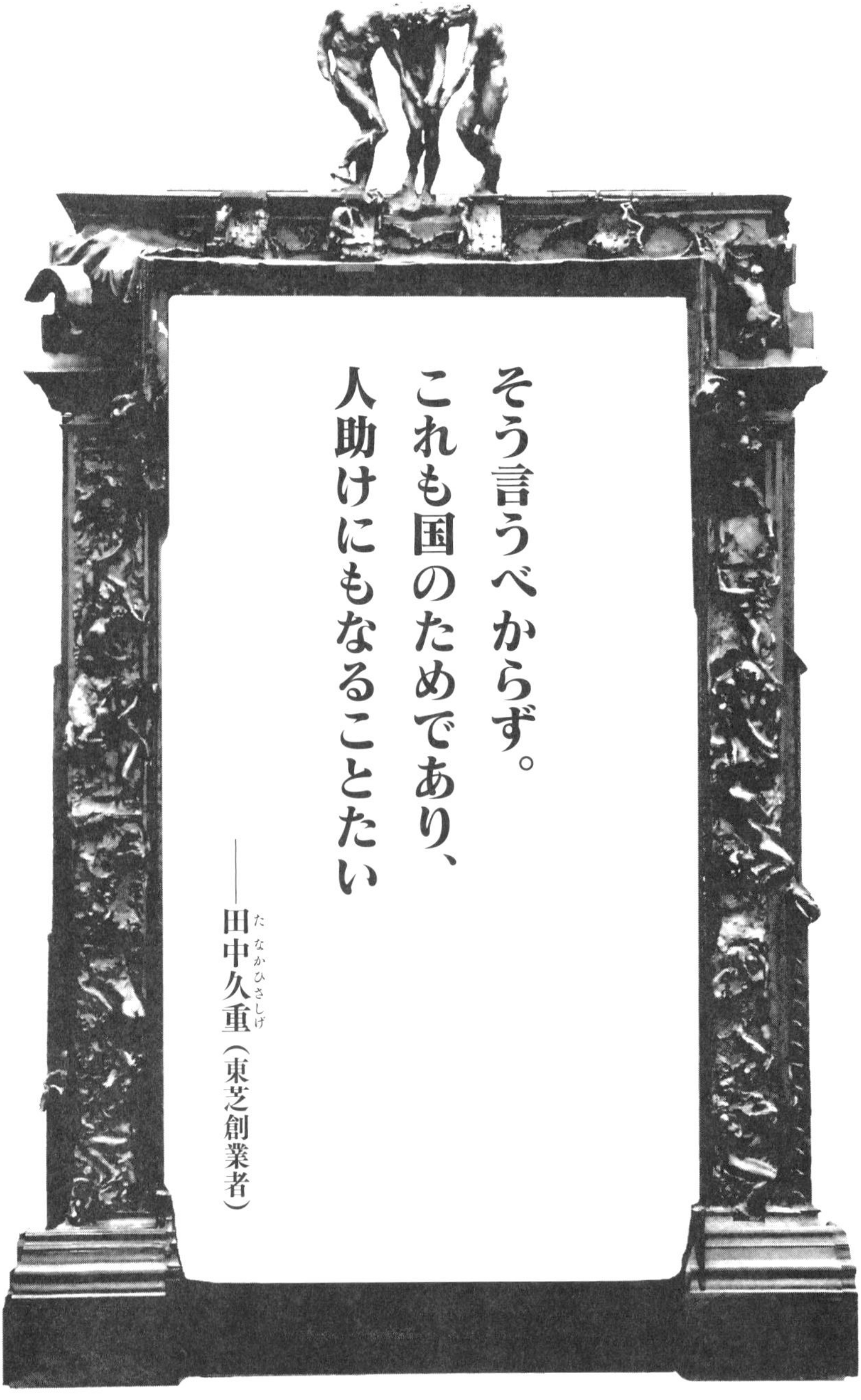

そう言うべからず。
これも国のためであり、
人助けにもなることたい

——田中久重《たなかひさしげ》（東芝創業者）

田中久重《たなかひさしげ》は江戸末期の１７９９年、筑後国《ちくごのくに》久留米（現福岡県久留米市）に生まれた東芝の創業者。

べっこう細工師・田中弥右衛門の長男として生まれた久重は、８歳で「開かずの硯箱」を作ったのを皮切りに、ゼンマイ仕掛けのからくり人形、アームストロング砲、蒸気機関、電話機など生涯を通じて発明に没頭した。なかでも万年時計は「江戸期最高」とまで言われ、幕末から明治にかけて発明家としてその名を世に轟かせた。

からくり興行師として大坂・京都・江戸などを行脚した久重が、日本初の民間機械工場「田中製作所」を創設したのは１８７３年、実に75歳のとき。これが東芝の発祥である。

国からの注文が殺到するなか、久重は機械について相談されれば、誰が相手でも気さくにアドバイスした。現場からは「これではもうけにならない」という声もあがったが、久重は「そう言うべからず。これも国のためであり、人助けにもなることたい」と言って、多忙の合間を縫ってボランティアで相談に乗ることをやめなかったという。

「からくり儀右衛門《ぎえもん》」として多くの人に愛されたのは、発明の斬新さばかりではなく、そんな温かい人柄もあったからだろう。

われわれは航空業界の飲んだくれだ

――ハーブ・ケレハー（サウスウエスト航空創業者）

ハーブ・ケレハーは１９３２年、アメリカのニュージャージー州に生まれたサウスウエスト航空の創業者。

ニューヨーク大学卒業後、テキサス州で法律事務所を開業。６年間の弁護士生活を送った後、クライアントの誘いに乗り、当時、大手３社が独占していたテキサス州の航空業界への参入を決めた。

１９７１年、サウスウエスト航空を創業すると、ケレハーは機内食を廃止し、チェックインカウンターの座席は速い者勝ちにするなど、型破りなアイディアを次々と打ち出し、コストを最低限に抑制。同時に、客室乗務員による歌やコスプレなど遊び心あるサービスで利用者の心を鷲づかみにした。

年間売り上げ50億ドル以上の航空会社を誕生させた、ケレハーの言葉がこれだ。

航空業界の異端児・ケレハーはライバル航空会社のトップと経営上のトラブルがあったとき、腕相撲で決着をつけたこともあった。

毎日が新しく、毎日が門出である

――松下《まつした》幸《こう》之《の》助《すけ》（松下電器創業者）

松下電器産業株式会社の創業者・松下幸之助《まつしたこうのすけ》は、「水道哲学」という考えを持っていた。１９３２年の第１回創業記念式で、テーブルを叩きながら松下はこんな演説を残している。

「水道の水を通行人がいくら飲んでも咎められることもないのは、量が多く、あまりにも価格が安いからだ。松下の使命もここにある。水道の水のごとく、物資を豊富に、かつ廉価に生産提供しなければならない。その結果、貧乏を克服し、人々に幸福をもたらすことができる」

　大きな社会的使命を持って経営に打ち込んだ松下は、創業55周年にあたる１９７３年、80歳で会長から退任。突然の出来事だったが、その後は私財を投げ打ち松下政経塾を開塾。さらに幸福追求運動「ＰＨＰ」（ピース・アンド・ハピネス・スルー・プロスペリティー）では思想家としても活躍し、民間シンクタンク「ＰＨＰ研究所」を設立している。

　毎日毎日を人生の門出として、94歳で他界するまで走り続けた松下の言葉。

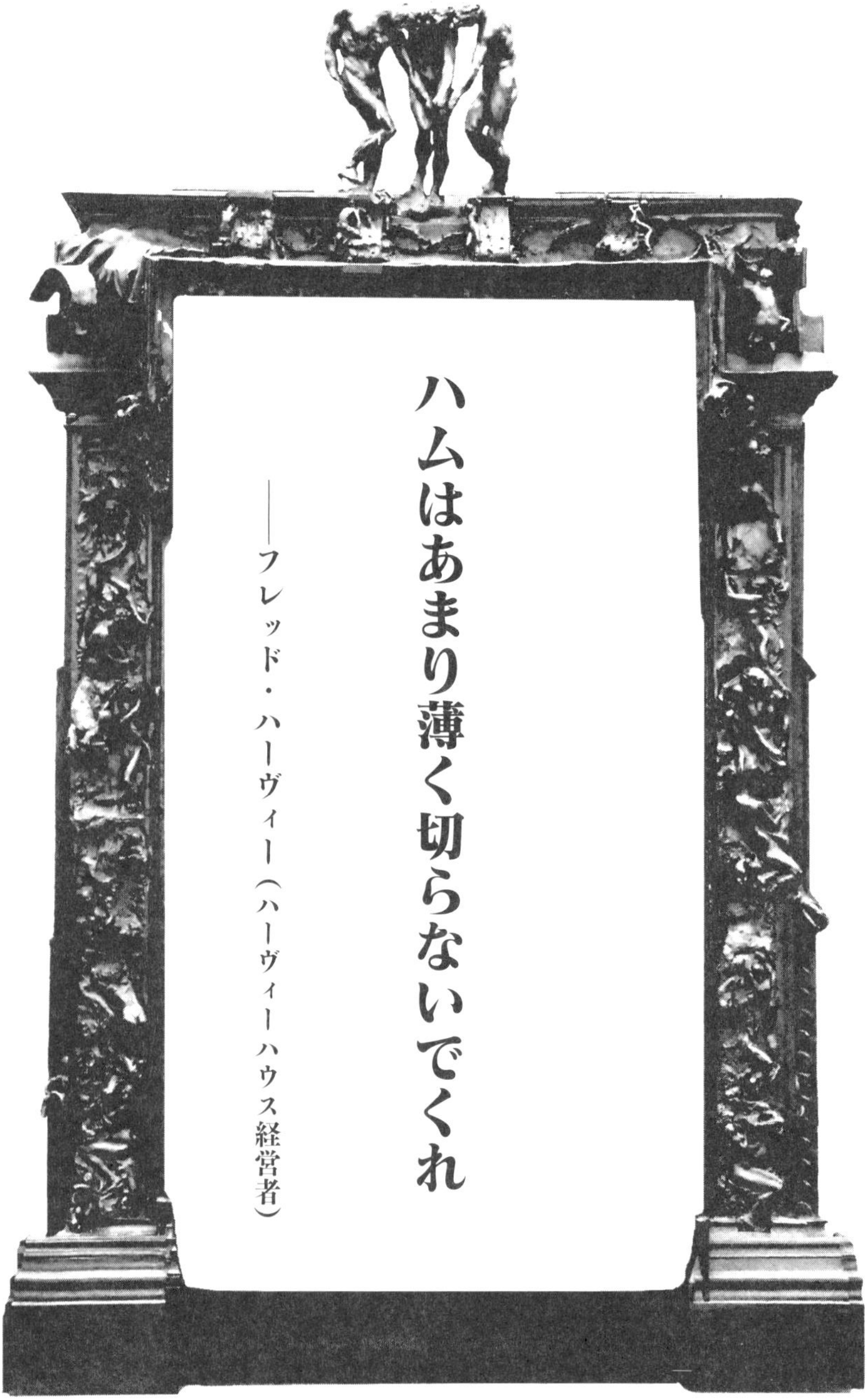

ハムはあまり薄く切らないでくれ

——フレッド・ハーヴィー（ハーヴィーハウス経営者）

フレッド・ハーヴィーは１８３５年、イギリスに生まれたレストランの経営者。15歳で渡米し、40歳のときにカンザス州トピカに初めてレストランをオープン。その後は鉄道に沿ってレストラン「ハーヴィーハウス」をチェーン展開し、質の高いサービスで空腹のお客を喜ばせた。

とりわけ、白いカラーのついた黒いドレスを着た清潔感あふれるウェイトレスが話題になった。彼女たちは「ハーヴェイ・ガールズ」という呼び名をつけられ、映画のタイトルにもなった。

ハーヴィーが１９０１年、最期に息子たちへ言い遺した言葉がこれだ。顧客目線は現場に立つ者のみぞ知る。

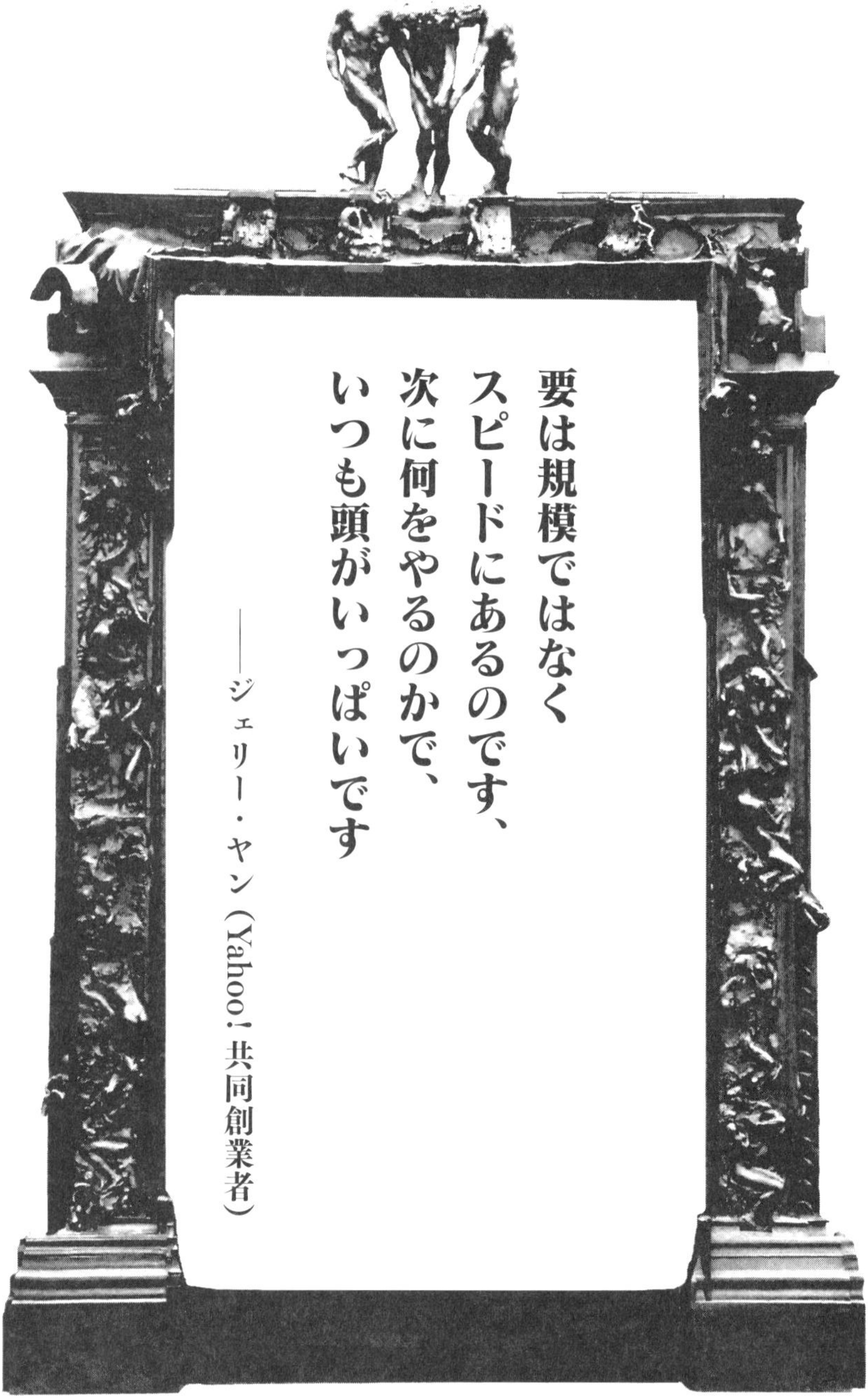

要は規模ではなく
スピードにあるのです、
次に何をやるのかで、
いつも頭がいっぱいです

——ジェリー・ヤン（Yahoo!共同創業者）

ジェリー・ヤンは１９６８年、台湾に生まれた米Yahoo!社の共同創業者。

10歳で家族とともに渡米し、スタンフォード大学の電子工学科に入学した。博士課程に在籍中の１９９４年、友人のデビッド・ファイロと、インターネットの検索サービスを開始。これが投資会社の目に留まり、１年後には「ヤフー・コーポレーション」として事業化され、最大級のインターネット検索サイトへと急成長を遂げた。

さらに翌年の１９９６年、ヤフーの株式を公開するや否や、２人は１億ドルを超える資産を手中に収め、シリコンバレーの英雄として羨望を浴びた。

これは、瞬く間に成功を収めたジェリー・ヤンならではの言葉。

「われわれは、インターネットの将来性について強い確信を持っています。だから、われわれは成功にあぐらをかかないように律していかなければなりません」として、この言葉を続けた。

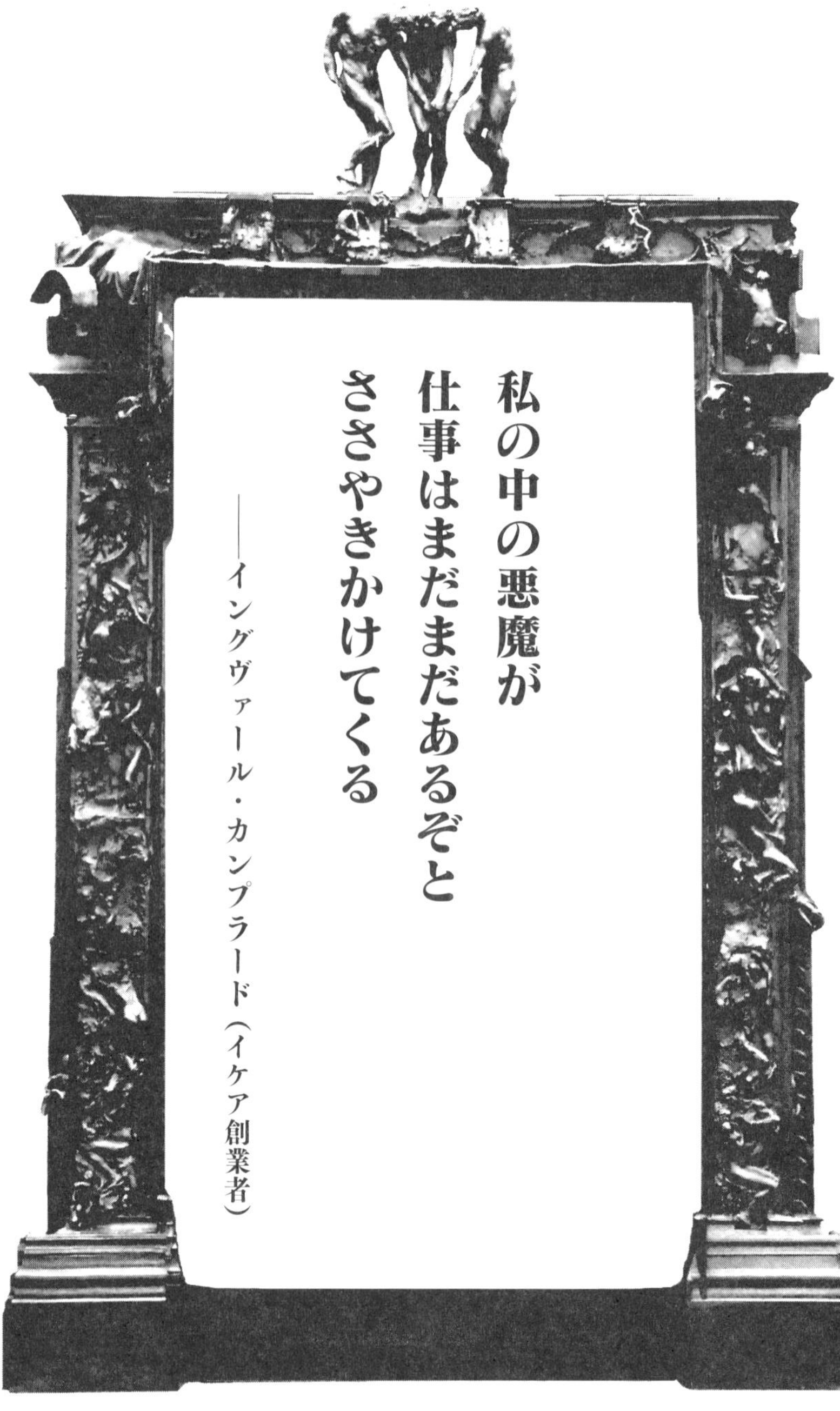

私の中の悪魔が
仕事はまだまだあるぞと
ささやきかけてくる

——イングヴァール・カンプラード（イケア創業者）

イングヴァール・カンプラードは１９２６年、スウェーデンのスモーランド生まれのイケア創業者。

５歳で近所の人たちへマッチを売り始め、17歳で「イケア」を起業する。最初はペン、鉛筆、写真フレーム、腕時計などを扱っていたが、１９４８年から家具の販売に乗り出し、やがて専念することになる。

梱包の紐や箱に至るまでの徹底したコスト削減と、家具展示場で飲食を提供するなどの従来なかったサービス、そして家具を分解して収めるというフラットパックで業績を拡大させた。１９９９年には30カ国に１５０店舗、売上高は70億ドルを突破し、その勢いは留まることを知らない。

これは、世界最大規模の家具販売チェーンを作り上げた男の言葉。

カンプラードは80歳を越えてからも、店頭でキャッシャーの横に立ち、お客の意見に耳を傾け続けたという。

ウイスキーの仕事は私にとっては
恋人のようなものである。
恋している相手のためなら、
どんな苦労でも苦痛と感じない。
むしろ楽しみながら喜んでやるものだ

——竹鶴《たけつる》政孝《まさたか》（ニッカウヰスキー創業者）

竹鶴政孝《たけつるまさたか》は１８９４年、広島県の酒屋に生まれた、ニッカウヰスキーの創業者。

家業の日本酒を学ぶべく大阪高等工業学校醸造科へと進んだが、在学中に洋酒へと魅せられていく。洋酒で有名な摂津酒造に入社すると、２年後にはイギリスのグラスゴー大学へ留学。応用化学を学びながら、本格的ウイスキーの製造方法を修得した。

納得のいくウィスキーづくりがしたい――。そんな思いから竹鶴は40歳で「大日本果汁株式会社」を立ち上げた。６年後にはウイスキー第１号「日果《にっか》」を発売。ニッカブランドを誕生させた。

その後も、本場スコットランドのスコッチウィスキーを超えるものを、とウイスキー作りに身を投じた。

竹鶴にとってウイスキーの仕事は、恋人そのものであった。

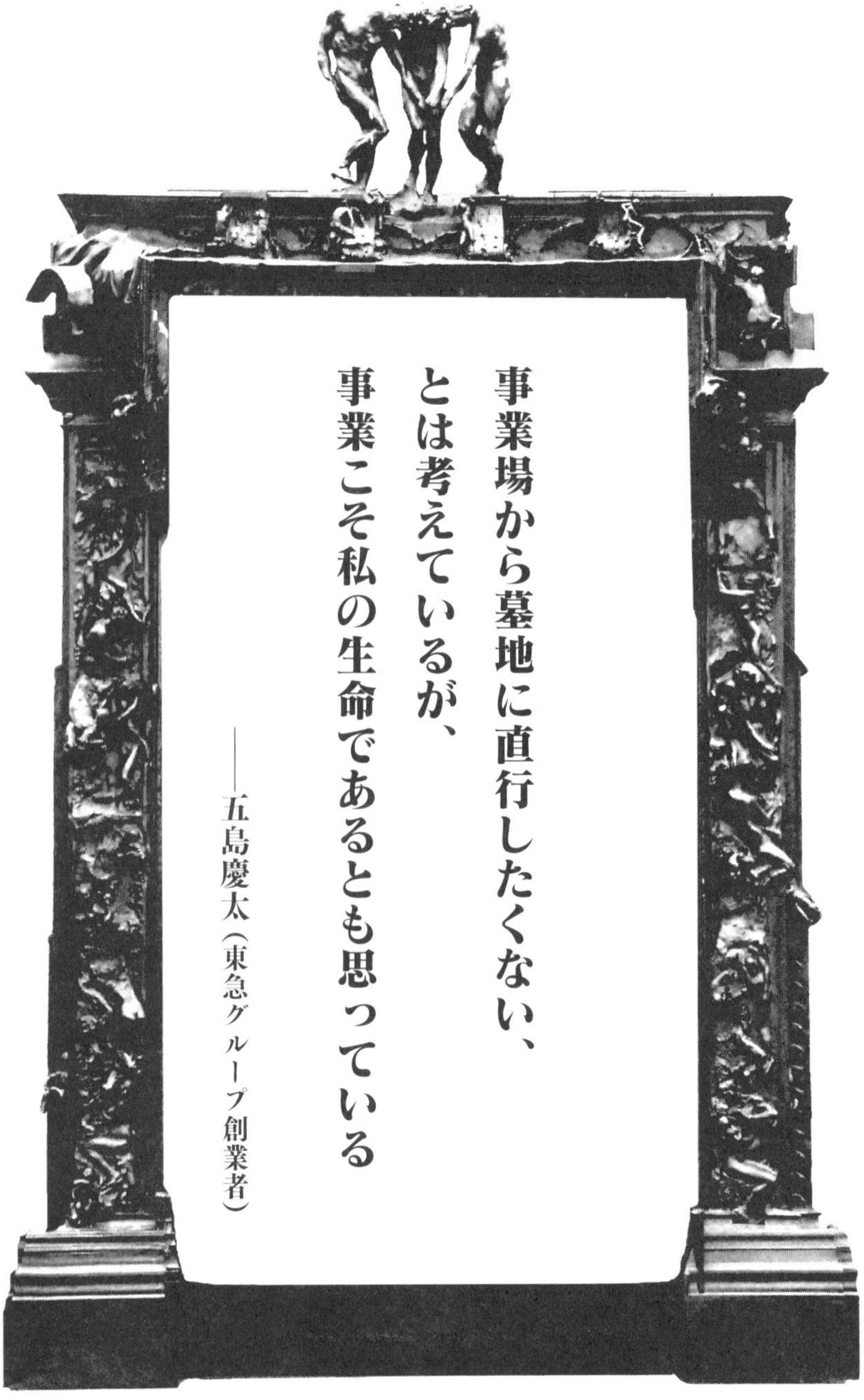

事業場から墓地に直行したくない、
とは考えているが、
事業こそ私の生命であるとも思っている

——五島慶太（東急グループ創業者）

五島慶太は官僚の座を捨て、民間の鉄道事業で成功を収めた東急グループの創業者。

幼少時代をガキ大将として過ごした五島は、東京高等師範学校卒業後は英語教師になるが、官僚を目指すために25歳のときに東京帝国大学法学部へ進学。卒業後は農商務省を経て鉄道院に勤務するも、38歳で退官している。安定を捨てて民間に移ったのは、鉄道の将来に魅せられたからだった。

これは、東京西南部全域の私鉄網を傘下に置く「大東急」を築き上げた、五島慶太の言葉。事業に生きた五島は鉄道だけではなく、関東初となる電鉄系ターミナルデパート東横百貨店（現東急百貨店）を渋谷で開業している。

仕事は楽しみなんだ。
どんな難しい問題でも
真っ向から取り組み、
それを一つひとつ解決していくことが、
実に楽しい

——宮崎《みやざき》輝《かがやき》（旭化成会長）

宮崎輝《みやざきかがやき》は１９０９年、長崎県に生まれた旭化成の会長。

東京帝国大学法学部英法科を卒業後、日本窒素肥料に入社。子会社の旭ベンベルグ絹糸《けんし》へと配属され、これが後の旭化成となる。

宮崎は多角的な経営によって、小さな合繊メーカーを総合化学繊維メーカーにまで育て上げた。それは「ダボハゼ経営」と呼ばれ、事業拡大の道をひた走った。

24年もの長きにわたって社長に就任して、「ワンマンであって、どこが悪い」と開き直っていた、宮崎の言葉がこれだ。仕事を楽しみ尽くした男は、困難こそが醍醐味であった。

宮崎は日米繊維交渉においても、日本化学繊維協会会長として、政府間協定による輸出規制の阻止に向けてリーダーシップを見せた。

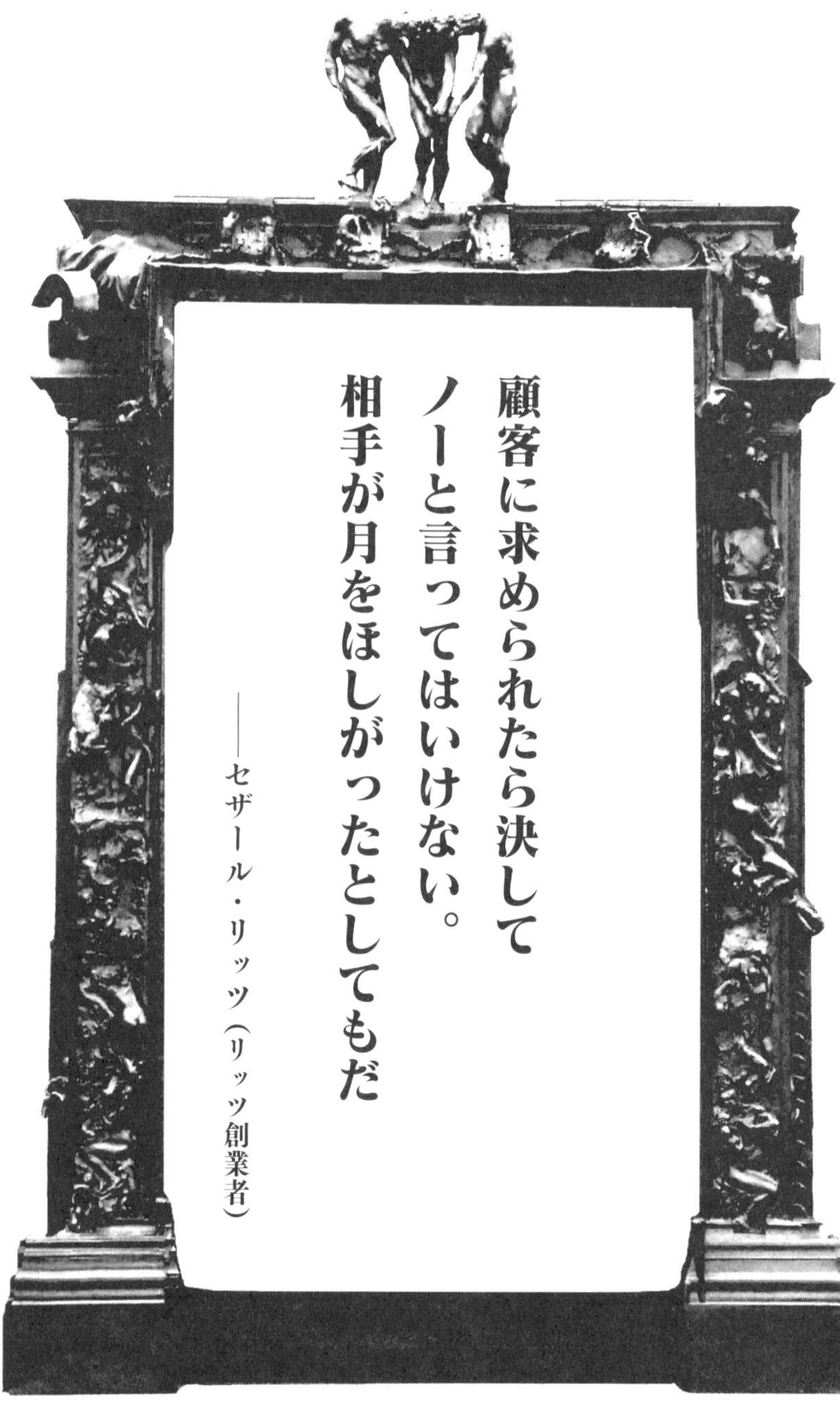

顧客に求められたら決して
ノーと言ってはいけない。
相手が月をほしがったとしてもだ

——セザール・リッツ（リッツ創業者）

セザール・リッツは１８５０年、スイスに生まれたリッツ・カールトンの創業者。15歳でウェイターとして飲食業に飛び込んだリッツは、数多くの一流ホテルの現場で修業を積み、１８９８年にパリで「ホテル・リッツ」を開業した。

創業当初から王侯貴族や富豪から絶大な支持を受け、高級ホテルの見本として、リッツは欧州各地に展開。世界的な高級ホテルチェーンとして知られるようになり、ダイアナ元妃、シャネル、プルースト、フィッツジェラルド、ヘミングウェイなど著名人たちに愛された。

これはホテル王と呼ばれたリッツの名言。生半可な顧客主義ではない。

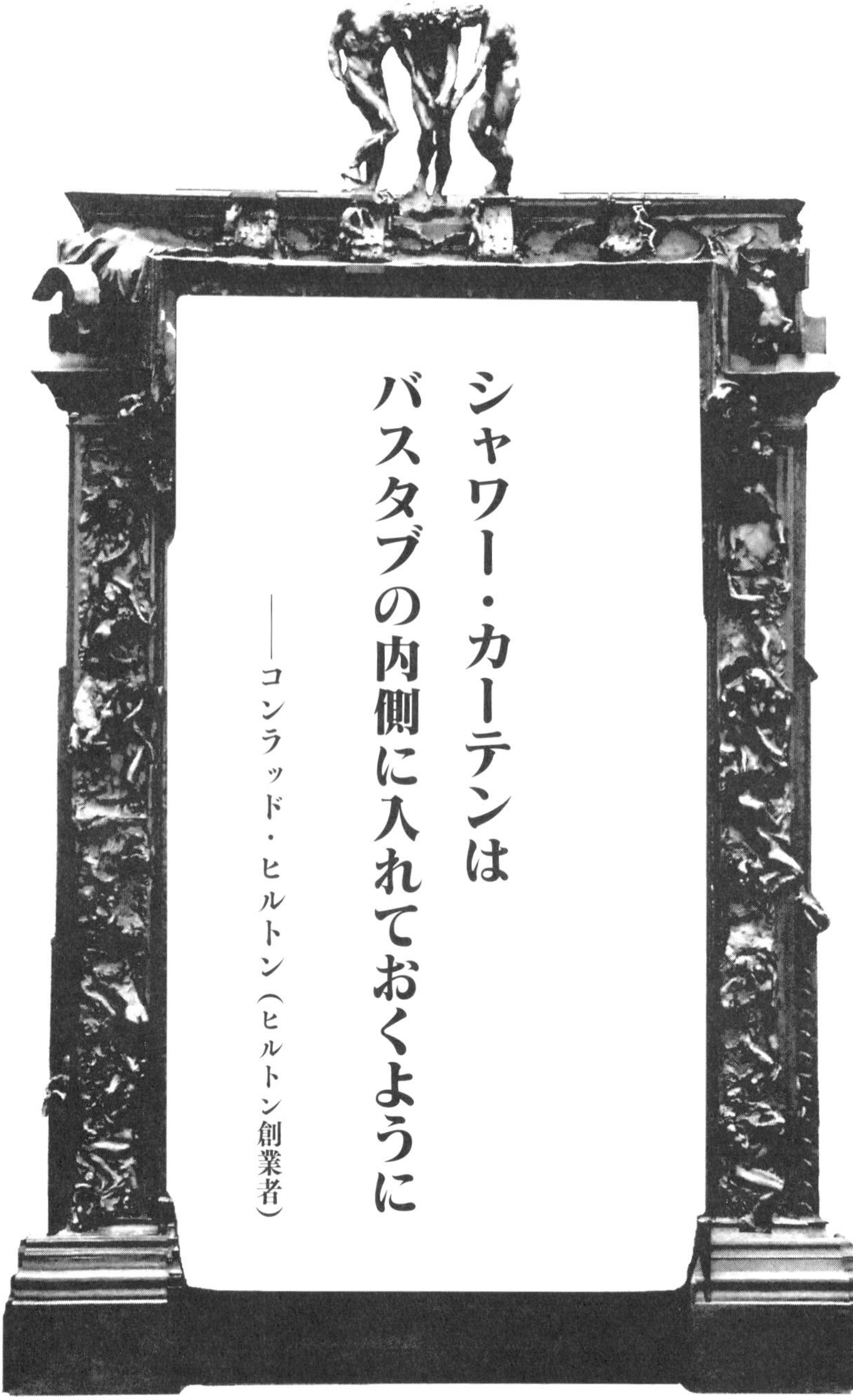

シャワー・カーテンはバスタブの内側に入れておくように

――コンラッド・ヒルトン（ヒルトン創業者）

コンラッド・ヒルトンは１８８７年のクリスマスに、ニューメキシコ州サンアントニオで生まれたヒルトンの創業者。

ヒルトンが初めてホテル経営に乗り出したのは１９１９年。テキサス州のシスコにある小さなホテルを買い取ったことが、経営者ヒルトンの出発点となった。１９２５年には同じくテキサス州のシスコで「ザ・ヒルトン」と名打ったホテルの経営に乗り出している。

以後、60年以上の歳月をかけ、世界恐慌の荒波をも乗り越え、一代で国際的に有名なホテル帝国を築き上げたヒルトン。１９７９年、91歳でこの世を去るとき、彼が臨終の床で遺した言葉がこれだ。

最期まで利用者が快適に過ごせるような気配りを忘れなかった。

第4章
本質を見抜く言葉

成功が努力より先に来るのは
辞書の中だけだ

――ヴィダル・サスーン（ヴィダルサスーン創業者）

ヴィダル・サスーンは１９２８年、イギリスに生まれたヘアアーティスト。14歳からサロンのシャンプー要員として下積み時代を過ごした。26歳のときにロンドンの中心地で最初のサロンを開業したのを皮切りに、アメリカ、ドイツ、カナダへ進出。１９７７年には、オリジナルのヘアケア商品を世界中で展開して大きな注目を集めた。

サスーンは「Wash & wear（ウォッシュ・アンド・ウェアー）」という髪を洗ったままヘアセットする技術を編み出したことで知られている。カットの時間を大幅に短縮させるサスーンの新技術は、働く女性のライフスタイルをも変革させた。

世界的なヘアデザイナーにして「カットの革命児」と呼ばれたサスーンの名言がこれだ。原文は"The only place where success comes before work is in dictionary."ちなみに日本語の辞書でも同じことが言える。

カラースプレーを初めて髪に使用するなど斬新な技術で、美容界に数々のセンセーショナルを巻き起こしたサスーン。華々しい成功の裏側には、地道な努力の積み重ねがあった。

身を粉にするな、頭を粉にせよ。
最悪のあとには必ず最善がある

——藤《ふじ》田《た》田《でん》（日本マクドナルド創業者）

藤田田《ふじたでん》は1926年、大阪府大阪市に生まれた日本マクドナルドの創業者。「日本トイザらス」の創業者でもある。

藤田は松江高等学校卒業後、東京大学法学部へ進学。在学中に通訳のアルバイトで出会ったユダヤ人に刺激を受け、輸入雑貨販売店「藤田商店」を立ち上げたのが、経営者人生の始まりだった。

1971年、米国マクドナルド社と合弁で日本マクドナルドを設立。銀座三越に第1号がオープンすると、たちまち話題になり、10年あまりで日本の外食産業界でトップにまで上り詰めた。

食のグローバル化を志した藤田の言葉がこれだ。不景気はみなと同じ条件に過ぎない、と言い訳を許さなかった彼の経営理念がにじみ出ている。

自信は成功の秘訣であるが、
空想は敗事の源泉である

――岩崎弥太郎《いわさきやたろう》（三菱グループ創業者）

岩崎弥太郎《いわさきやたろう》は１８３４年、土佐国、井ノ口村に生まれた三菱財閥の創業者。

坂本龍馬と交流があったことでも知られており、坂本龍馬が創設した「海援隊」の経理を担当。海援隊の船「いろは丸」が、紀州藩の船明光丸《めいこうまる》と衝突して沈没したときは、龍馬と弥太郎が交渉に乗り出して、賠償金を得ることに成功している。

弥太郎は１８７３年に三菱商会を設立。鉱山、荷為替、造船と多方面で事業を展開し、明治の動乱期に巨万の富を稼ぎ出した。とりわけ海運業では、政府の保護のもと、外国汽船会社を圧倒。「東洋の海上王」と呼ばれるまでに、事業を拡大している。

これは、三菱財閥の基礎を築いた岩崎弥太郎の言葉。

自信と空想は違う。希望的観測だけでは、成功は遠くなるばかりだ。

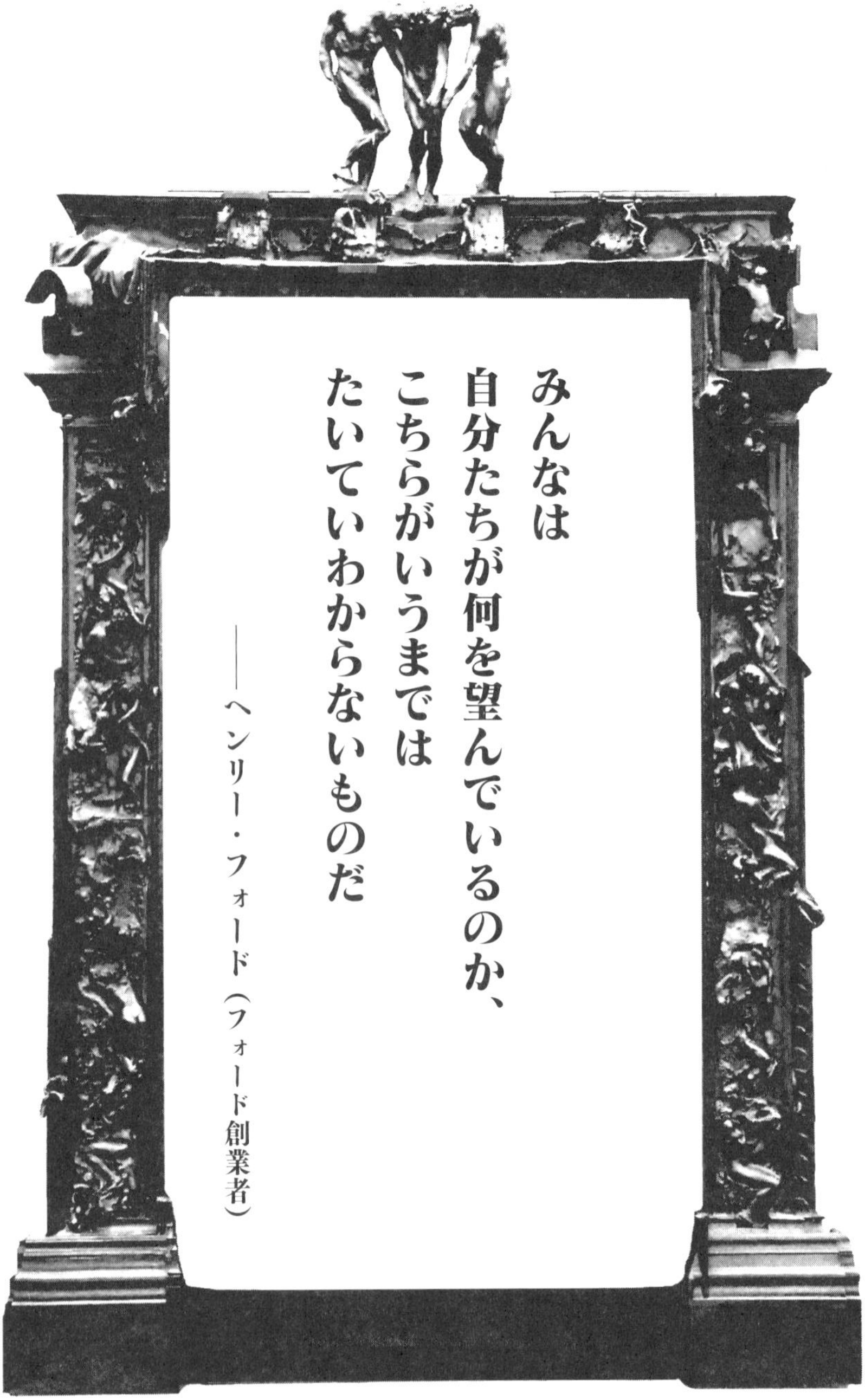

みんなは
自分たちが何を望んでいるのか、
こちらがいうまでは
たいていわからないものだ

——ヘンリー・フォード（フォード創業者）

ヘンリー・フォードは1863年、デトロイト近郊のグリーンフィールドの農場に生まれたフォードの創業者。

16歳で学校を中退したフォードは、エディソン・デトロイト電灯会社に技師として働き始めて、わずか4年足らずでチーフエンジニアにまで昇格。勤務後は、自宅の納屋でエンジンの試作を重ねるというハードな日々を送った。

原動機付き四輪車の発明にこぎ付けたフォードは、37歳にして電燈会社を辞職。家族を抱えての大決断だったが、その後は自動車作りにひたすら打ち込んだ。

1903年、フォード・モーター社を設立。世界で初めて大衆向けに作られた「T型フォード」は、全世界でヒットを飛ばした。

人々の移動手段を変えてしまったフォードの言葉がこれだ。

フォードが現れるまで、自動車は一部の金持ちの乗り物に過ぎなかった。

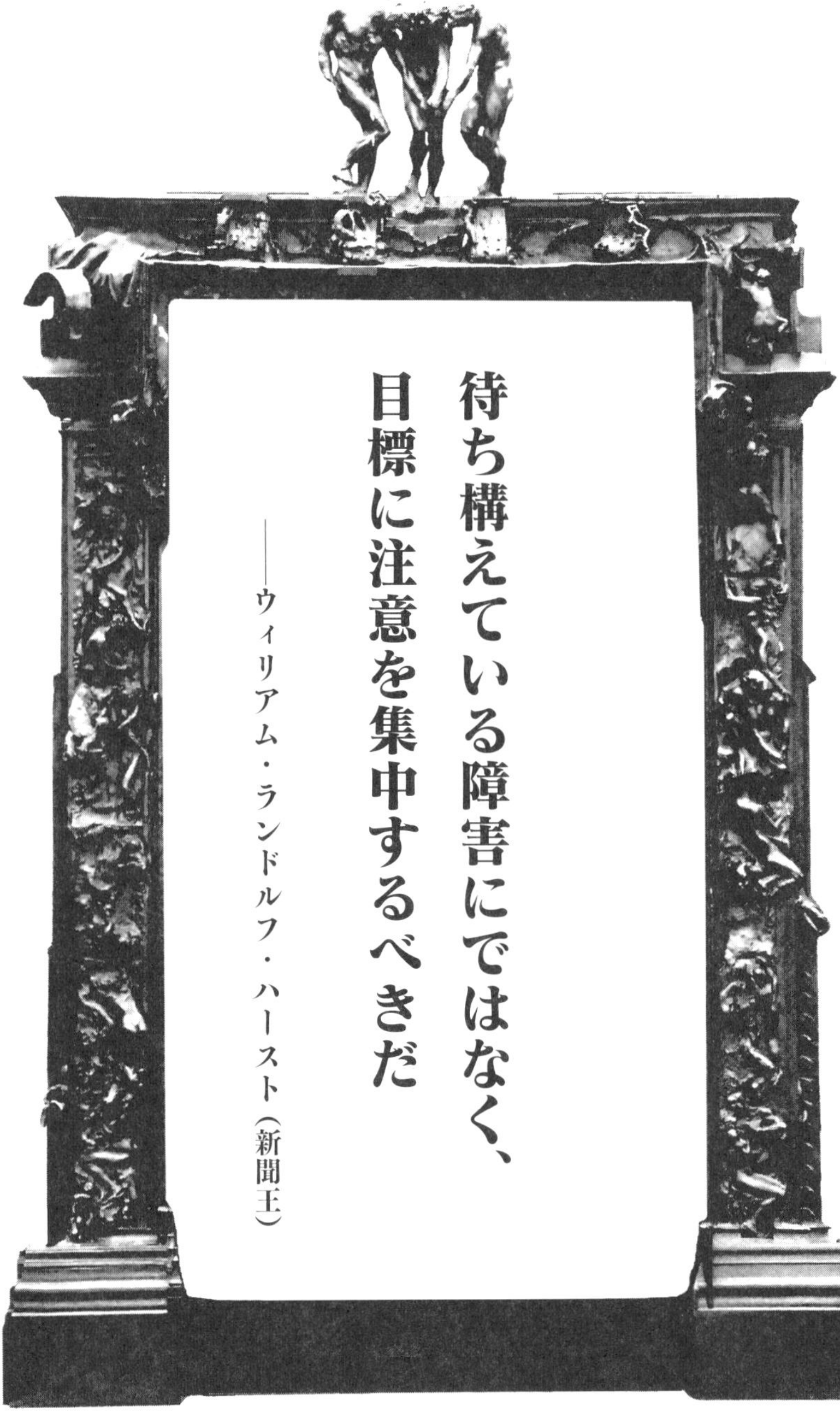

待ち構えている障害にではなく、
目標に注意を集中するべきだ

——ウィリアム・ランドルフ・ハースト（新聞王）

ウィリアム・ランドルフ・ハーストは、アメリカの新聞王。

ハーバード大学を中退後、銀山を所有する富豪の父から日刊紙『サンフランシスコ・エグザミナー』を引き継ぐ。大衆の感情を煽るセンセーショナリズムを貫き、部数の拡大に成功している。

その報道姿勢は時に批判にさらされたが、過激なイエロージャーナリズムによって、他紙との熾烈な競争に勝利。新聞社、出版社、ラジオ局とメディア媒体を積極的に買収して、莫大な資産を手に入れた。

カリフォルニア州に建てた豪邸「ハースト・キャッスル」は、部屋数は１６５にものぼり、広大な庭、屋内プール、屋外プール、テニスコート、エアポートのほか、ライオン、ヒョウ、熊などを集めて、動物園まで自宅に併設した。改築を重ねて、実に３０００万ドル（当時のレートで約３４００億円）をつぎ込んでいる。

現代大衆紙の原型を築いたハーストの言葉がこれだ。

どんなビジネスにも障害はある。それを乗り越えることについ注力してしまいがちだが、目標を見失っては本末転倒だ。

気は長く持つが、
行う時は気短でなければならぬ

――石橋《いしばし》正《しょう》二《じ》郎《ろう》（ブリヂストン創業者）

第4章　本質を見抜く言葉◆6

石橋正二郎《いしばししょうじろう》は1889年、福岡県久留米市に生まれた世界三大タイヤメーカー・ブリヂストンの創業者。

久留米商業学校卒業後、教師の勧めで神戸高商への進学を目指すが、親の意向によって断念した。兄とともに家業の仕立て屋を継ぐと、これまでの雑多な商品を扱う商売から、足袋専業へと業態を転換。価格の均一化や労働環境の整備など合理的な経営改革を推進し、事業を拡大させた。

石橋が、後に名門企業へと成長するブリッヂストンタイヤ株式会社を創立したのは、42歳のときだ。足袋やズック靴にゴム素材を使用していたことから、国産タイヤの製造へと乗り出した。この決断が将来的に「メイド・イン・ジャパン」のタイヤ技術を世界中に知らしめることになる。

日本の自動車産業を文字通り、足元から支えた石橋の言葉がこれだ。結果は急がず、行動はいち早く。

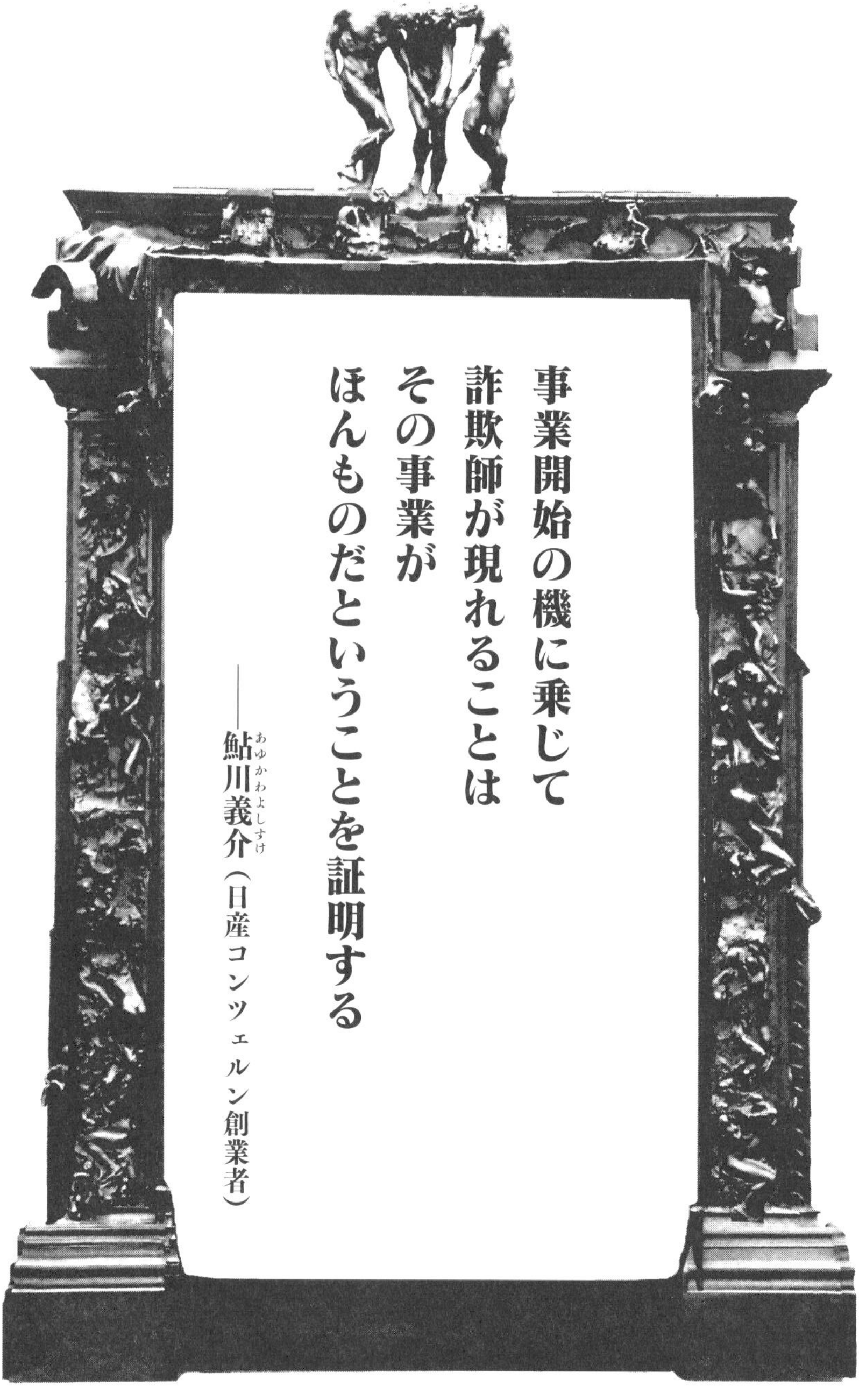

事業開始の機に乗じて
詐欺師が現れることは
その事業が
ほんものだということを証明する

——鮎川義介《あゆかわよしすけ》（日産コンツェルン創業者）

鮎川義介《あゆかわよしすけ》は1880年、旧長州藩士の子として山口県に生まれた日産コンツェルンの創業者。

東京帝国大学工科大学機械科を卒業後、芝浦製作所に職工として入社した。アメリカに留学し鋳造技術を研究すると、帰国後に戸畑鋳物《とばたいもの》を設立。1928年、義弟の久原房之助《くはらふさのすけ》から久原鉱業の事業を引き継いだ。新たに名づけた社名が「日本産業」で、これが現在の日産となる。

日産自動車、日本鉱業、日立製作所などを傘下に収め、日産コンツェルンを創り出した鮎川の言葉。

儲け話にはハイエナが群がる。だからこそ、詐欺師が目にもかけないような事業は成功からは遠い、と鮎川は考えていた。

おいしいものほど顧客は飽きる

——鈴《すず》木《き》敏文《としふみ》（セブンイレブン・ジャパン創業者）

鈴《すず》木《き》敏文《としふみ》は１９３２年、長野県に生まれたセブンイレブン・ジャパンの創業者。中央大学経済学部卒業後は、ジャーナリストを目指したが断念。東京出版販売（現トーハン）で書籍取次の仕事を経験して、１９６３年にイトーヨーカ堂に入社した。入社して10年が経つと、鈴木は「セブンイレブン・ジャパン」を設立。アメリカのコンビニエンスストアを日本に輸入し、大型コンビニチェーン「セブンイレブン」を日本全土に浸透させた。

日本初のコンビニエンスストアを導入したコンビニの父、鈴木の言葉がこれだ。

鈴木は「おいしければおいしいほど、それと同じくらい飽きる。飽きられないものを作るのではなく、飽きられるくらいの味の商品を供給しなければならない」と持論を展開し、コンビニというフィールドで、繰り返し食べられる味を追求している。

危機は良き友、時間はライバル

——ルイス・ガースナー（ＩＢＭ元会長）

ルイス・ガースナーは１９４２年、アメリカのニューヨーク州に生まれたＩＢＭ会長。ハーバード大学のビジネス・スクールでＭＢＡ取得後にマッキンゼーに入社し、経営の世界へと足を踏み入れた。

当時、名門企業でありながら崩壊の危機にあったＩＢＭから声がかかり、外部の人間としては初めての会長兼最高経営責任者（ＣＥＯ）に就任すると、数年で見事に再生に成功した。ガースナーの天才的な経営手腕は、世界的に高く評価されている。

右の言葉は「世界のＩＢＭを変えた男」、ガースナーの哲学である。

目が回るくらい多忙な人ほど、仕事が早い。物事を真剣に解決したいのであれば、不慮のトラブルに嘆き、時間がないと言い訳にする暇さえもない。

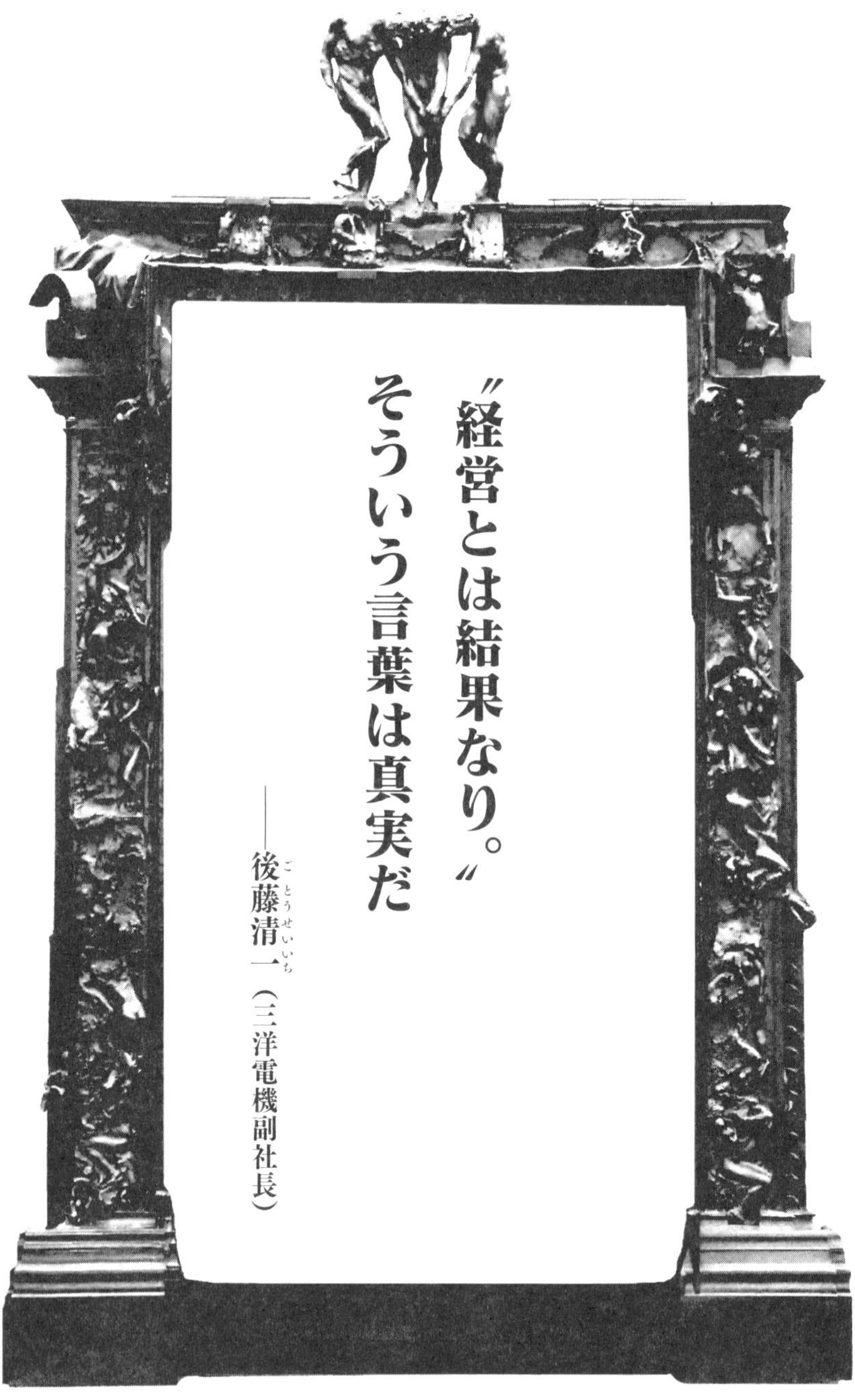

〝経営とは結果なり。〟

そういう言葉は真実だ

——後《ご》藤《とう》清《せい》一《いち》（三洋電機副社長）

後藤清一《ごとうせいいち》は１９０６年、大阪に生まれた三洋電機の副社長。まだ松下電器が小規模だった創業当時に、見習工として入社。26年間にわたって松下幸之助から叱られ続けた思い出は、後藤の後の著作で綴られている。

１９４７年、井植歳男《いうえとしお》が三洋電機製作所（現三洋電機）を創業すると、後藤もそれに加わった。後藤は三洋電機の創業商品である発電ランプの事業を軌道に乗せるために、大量生産型のビジネスモデルを工場に導入。１９７１年から10年間、副社長に就任した。

地域への貢献度から兵庫県加西市名誉市民第1号にも選ばれた後藤の名言がこれだ。

数度の倒産の危機に瀕した松下を支え、新興の三洋電機で市場をこじ開けた後藤。厳しい言葉だが、偽らざる本音だろう。

やりすぎてもいけないし、
やらなすぎてもいけない

――青井《あおい》忠雄《ただお》（丸井グループ会長）

青井忠雄《あおいただお》は１９３３年、創業者・青井忠治《ちゅうじ》の長男として東京都に生まれた丸井グループの会長。

東京都立新宿高等学校を経て、１９５５年に早稲田大学商学部を卒業すると、丸井へ入社。社内では、社長の息子とわからないように偽名を使っていた。

青井は業態の近代化に力を入れ、ヤング層にターゲットを絞った商品展開で店舗を拡大。「月賦」を「クレジット」と言い換え、日本発のクレジットカードを発行させた。39歳で社長になった青井は、１９７２年から２００５年まで33年間で、売上高を約10倍に伸ばした。

丸井をクレジット販売の最大手に育てた青井の言葉。「会社というものは、一度に利益を出しすぎるとその反動が必ずどこかに出てくる」と後に続く。

会社経営の難しさが語られた、含蓄ある言葉。

自分が入り用でないことは、
みな忘れてしまえばよい

――藤原《ふじわら》銀《きん》次郎《じろう》（王子製紙社長）

藤原《ふじわら》銀《ぎん》次郎《じろう》は１８６９年、長野県に生まれた王子製紙の社長。

慶応義塾卒業後、新聞社の松江日報、三井銀行大津支店、富岡製糸所、三井物産と渡り歩いた。経営不振の王子製紙の債権を託されたのは、42歳のときである。

王子製紙の再建にあたって、藤原は自ら株を引き受けるため、自宅まで抵当に入れるほどの熱意を見せた。主体を新聞用紙に転換し、三井物産時代の部下を引き入れるなどこれまでの自分の経験を生かし、経営の立て直しに成功した。

「製紙王」と称された藤原の言葉がこれだ。

次のステージにいくためには、捨てるべきものもある。情報の洪水にまみれた現代では、より輝きを放つ金言と言えるだろう。

一瞬の成功なんて
長続きしないものだよ

――リチャード・ブランソン（ヴァージン・グループ会長）

リチャード・ブランソンは１９５０年、イギリスの裕福な中流家庭に生まれたヴァージン・レコードの創業者。

幼少時代は学習障害の「難読症」に悩まされながら、セキセイインコの飼育やクリスマスツリーの育成などのビジネスに失敗。16歳で学校を中退すると「スチューデント」という雑誌を創刊するが、鳴かず飛ばずに終わった。

レコードを安く通信販売する「ヴァージン」を設立したのは、１９７０年のことである。セックス・ピストルズ、カルチャー・クラブ、マイク・オールドフィールドなどの人気ミュージシャンを輩出するなど、音楽業界に新風を吹き込んだ。

１９８４年には航空業界にも進出。ヴァージン帝国を一代で築き上げたブランソンの言葉がこれだ。成功に成功を重ねた男から発せられると、なんとも味わい深い響きを持つ。

もし友だちがたくさんほしいのなら
——負けることだな

——フィル・ナイト（ナイキ創業者）

フィル・ナイトは、ナイキの創業者。

子どもの頃から陸上のランナーだったナイトは、オレゴン大学でも陸上部に所属。大学で経営学の学位を取得すると、陸上部のコーチと500ドルずつを出し合い、1964年に運動靴販売会社を設立した。7年後には、ギリシャの勝利の女神にちなんで、社名を「ナイキ」に変えている。

ナイトは、ナイキの製品をスポーツの一流スター選手と結びつけることで、ブランド名の浸透に成功。その最たるものだが、バスケットボールのマイケル・ジョーダンとのスポンサー契約である。マーケティング戦略の一環として、大ヒット商品「エアジョーダン」を生み出すこととなった。

だが、ナイキにも逆風の時期があった。海外の製造工場の環境が劣悪だとマスコミがナイキを叩き始めたのだ。実際と異なる報道内容に憤慨する広報部長に対して、ナイトが言った言葉がこれである。

勝利だけの人生はない。敗北のときこそ、リーダーの人間力が問われる。

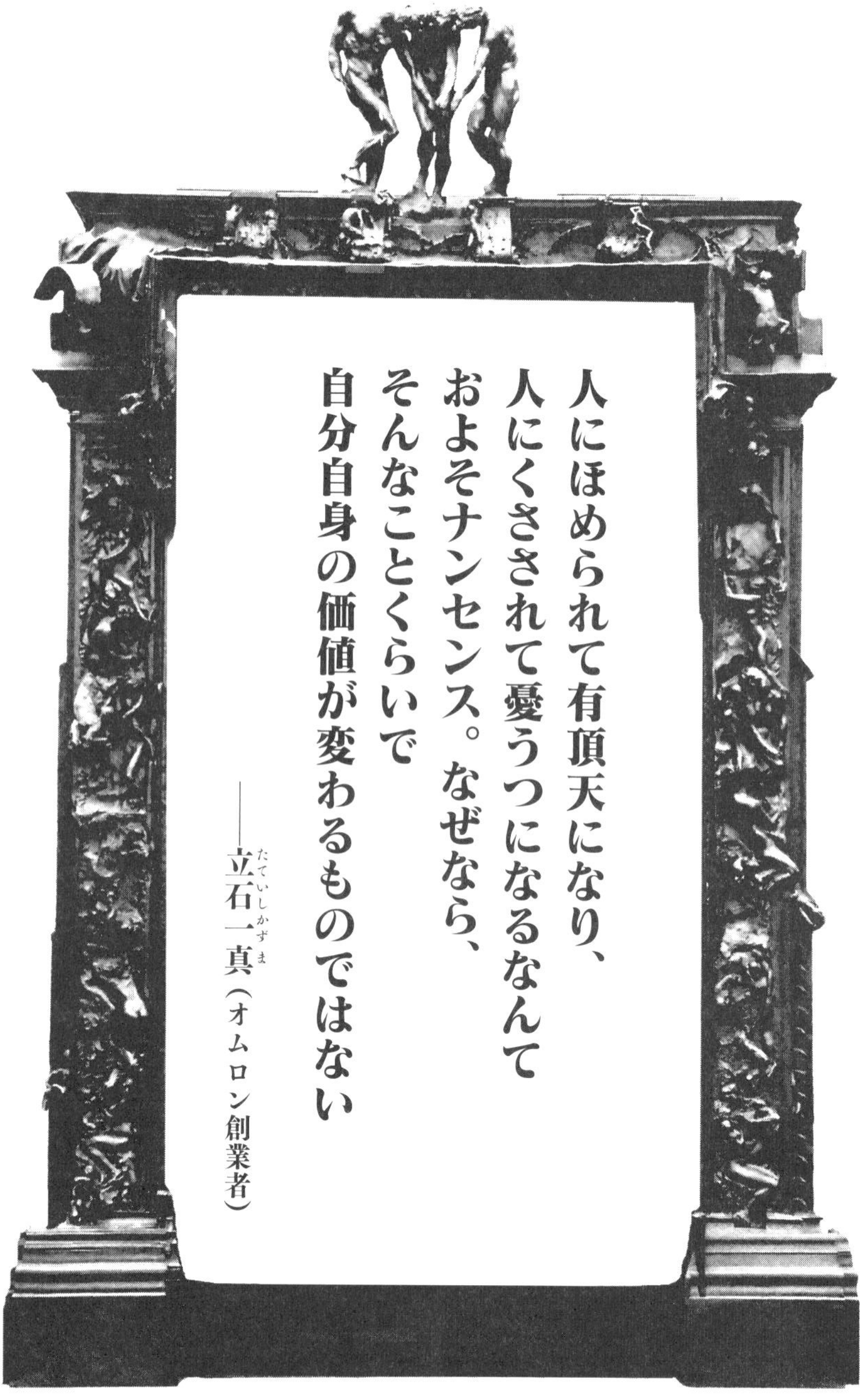

人にほめられて有頂天になり、
人にくさされて憂うつになるなんて
およそナンセンス。なぜなら、
そんなことくらいで
自分自身の価値が変わるものではない

——立石《たていし》一真《かずま》（オムロン創業者）

立石一真《たていしかずま》は１９００年、熊本県に生まれたオムロンの創業者。

伊万里焼盃を製造販売する夫婦の長男として生まれた立石は、裕福な幼少期を過ごすが、小学校1年生のときに父を亡くして、貧しい生活へと一転。新聞配達で一家を支えた。

熊本高等工業学校電気科卒業後は、井上電機製作所を経て、世界大恐慌の翌年に独立。自身が考案したズボンプレスやナイフグラインダを携えて、飛び込み営業を繰り返した。この経営者としての下積み時代に、広告戦略や販路確保の重要性を思い知ったという。

苦境に遭っても自分のアイディアを信じ、七転び八起きの精神で、市場のニーズを切り拓いた立石の言葉がこれだ。

１９３３年、立石電機を創業した立石は、新技術によるオートメーション（自動化）を推進。これが、現在のオムロンである。

幸運は汗からの配当だ

――レイ・クロック（マクドナルド創業者）

レイ・クロックは１９０２年、アメリカのイリノイ州に生まれたマクドナルドの創業者。紙コップの販売や、ピアノ弾きのアルバイトなど職を転々とした後、ミルクセーキ用ミキサーの販売業に就き全米を巡った。

旅の途中に、マクドナルドのハンバーガーレストランを訪れたことで、クロックの運命は動き出す。セルフサービスや材料の標準化など、マクドナルド兄弟の効率的な経営手法に感銘を受けたクロックは、株式を２７０万ドルで買う契約を交わした。その後は、家庭を顧みることもなく、マクドナルドのフランチャイズチェーン化に全力を尽くした。クロックがマクドナルド兄弟と出会ったのは52歳のときだった。

世界的な飲食革命を起こした、レイ・クロックの名言がこちら。

１９６３年には、マクドナルドは５００店舗まで拡大され、ハンバーガーの販売累計が10億個に到達。世界的な躍進の裏には「品質」「サービス」「清潔さ」「価格」の４本柱を徹底するという、クロックの方針があった。

クロックは世界一の億万長者になっても、現場に足を運んでは、マニュアルが守られているかを自らの目でチェックしたという。

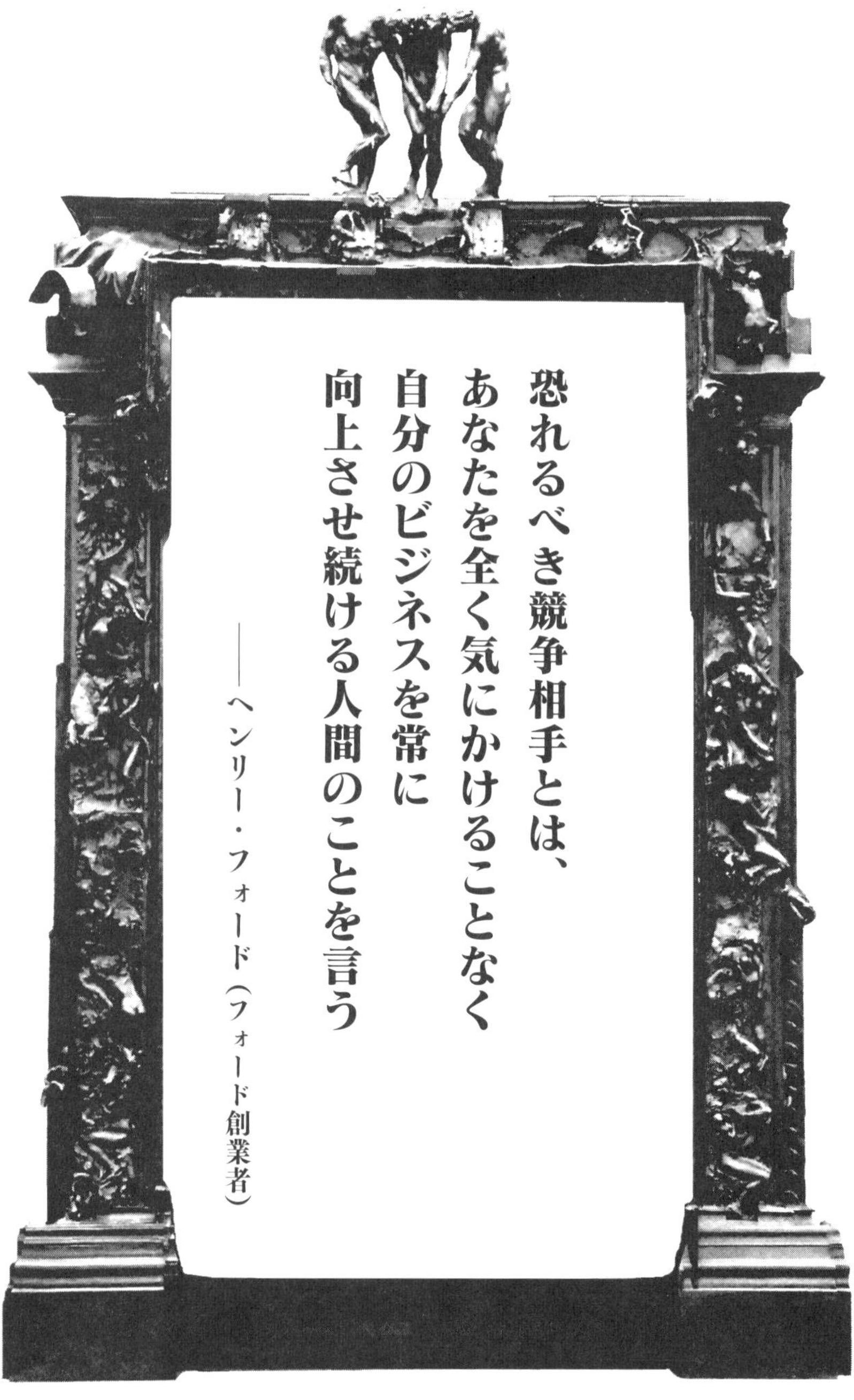

恐れるべき競争相手とは、
あなたを全く気にかけることなく
自分のビジネスを常に
向上させ続ける人間のことを言う

——ヘンリー・フォード（フォード創業者）

ヘンリー・フォードは、世界で初めて大衆向けに自動車を作ったフォード社の創業者。

１９０３年にフォードモーター社を設立したフォードは、破格の値段で自動車を大量生産することを記者団に宣言。さらに部品はすべて自社製で、色は黒一色のみという大胆なプランを打ち出した。

記者たちは誰もが驚愕したが、余分なものをそぎ落とした、黒の５人乗りのほろ付き自動車は、ヨーロッパをはじめ全世界で１５００万台以上のヒットとなった。

生産ラインが追いつかないほどの人気を博すると、フォードは組み立てラインを活用した大量生産方式を導入。製造中止になるまで4年間にわたってアメリカ全土の何百万もの農民や田舎町の家族の間で浸透した。

「自動車の父」でもあり、「大量生産の父」でもあるフォードの言葉。

周囲からの影響をまるで受けずに、ひたすらに己の改善を目指す相手ほど、驚異的なものはない。フォードがまさにそうだったように。

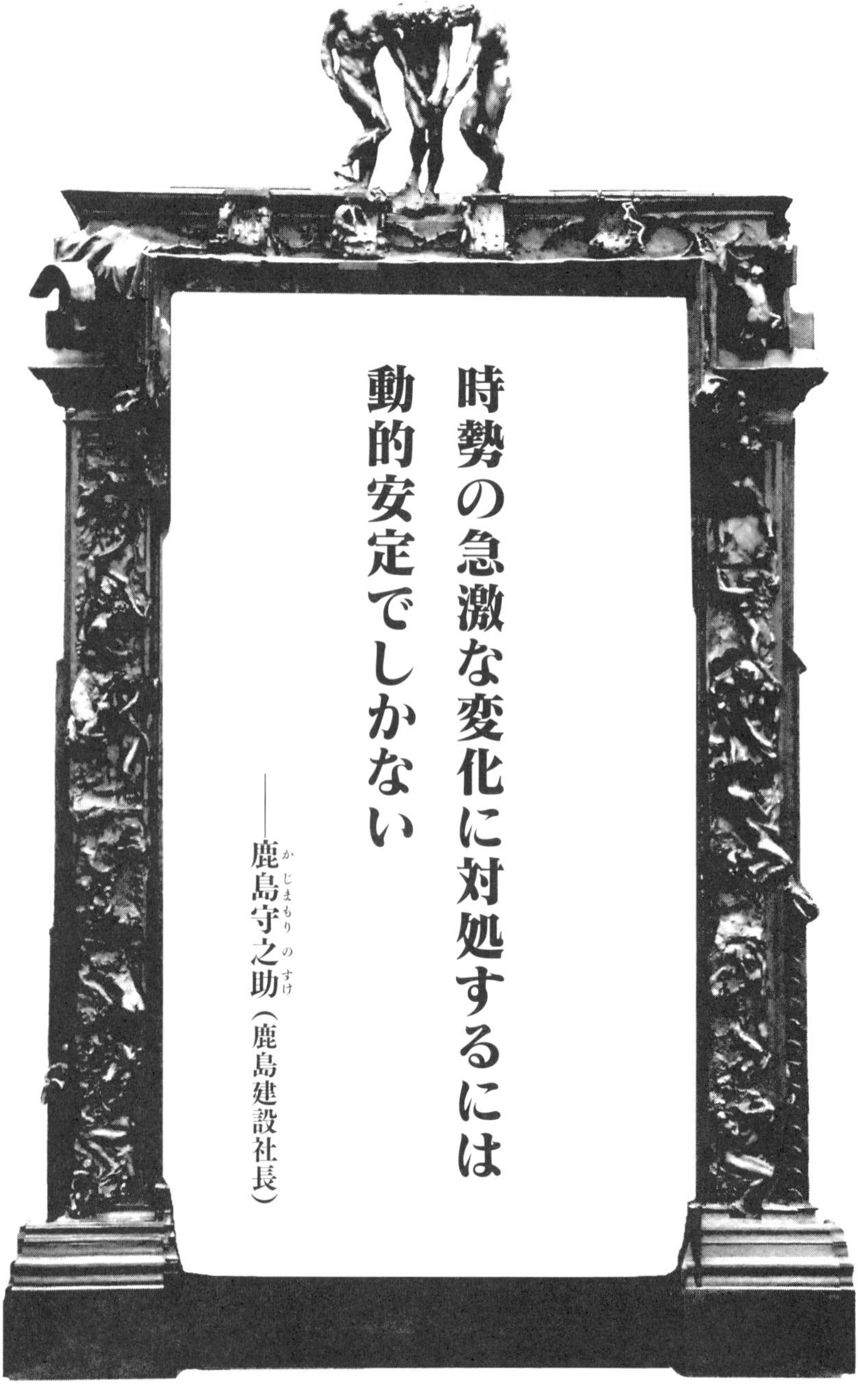

時勢の急激な変化に対処するには
動的安定でしかない

——鹿《か》島《じま》守《もり》之《の》助《すけ》（鹿島建設社長）

鹿島守之助《かじまもりのすけ》は１８９６年、兵庫県の豪農の家に生まれた鹿島建設の社長。

東京帝国大学法学部卒業後、外務省へ入省。外交官として、ドイツやイタリアの日本大使館で勤務した。外務大臣を目標としていた守之助だったが、ヨーロッパへの船上で鹿島精一に惚れ込まれると、熱心な説得に心を動かされ、娘婿となって鹿島組（現鹿島）に入社。実業界への鮮やかな転身を見せた。

２年後には社長となった守之助は、鹿島建設を業界を牽引する総合建築会社へと発展させた。１９５３年には参議院選挙に初当選。４年後には第１次岸内閣の北海道開発庁長官に就任した。

伝統を受け継ぎながらも、科学的な施工技術を巧みに導入した、守之助ならではの言葉がこれだ。変わることなく会社を繁栄させるためには、時代に応じて変わっていかなければならない。

なりたがる人間を社長にしないことだ

——中山素平《なかやまそへい》（日本興行銀行頭取）

中山素平《なかやまそへい》は1906年、東京に生まれた日本興業銀行の頭取。

東京商科大学本科卒業後、日本興業銀行に入行し、55歳で頭取に就任。戦後、GHQと激しい交渉の末に、日本興行銀行の存続を認めさせたことは、今でも語り草となっている。「財界の鞍馬天狗《くらまてんぐ》」と呼ばれた中山素平。「経営者や後継者の条件には、どのような時代にも共通したタブーがある」と言い、冒頭のように続けた。ポストに就きたがる人間をあえて避ける。現代のサラリーマン社会でも通じる原則だと言えるだろう。

人たらしとして知られていた素平の本質を見抜く言葉。

第5章 道を示す言葉

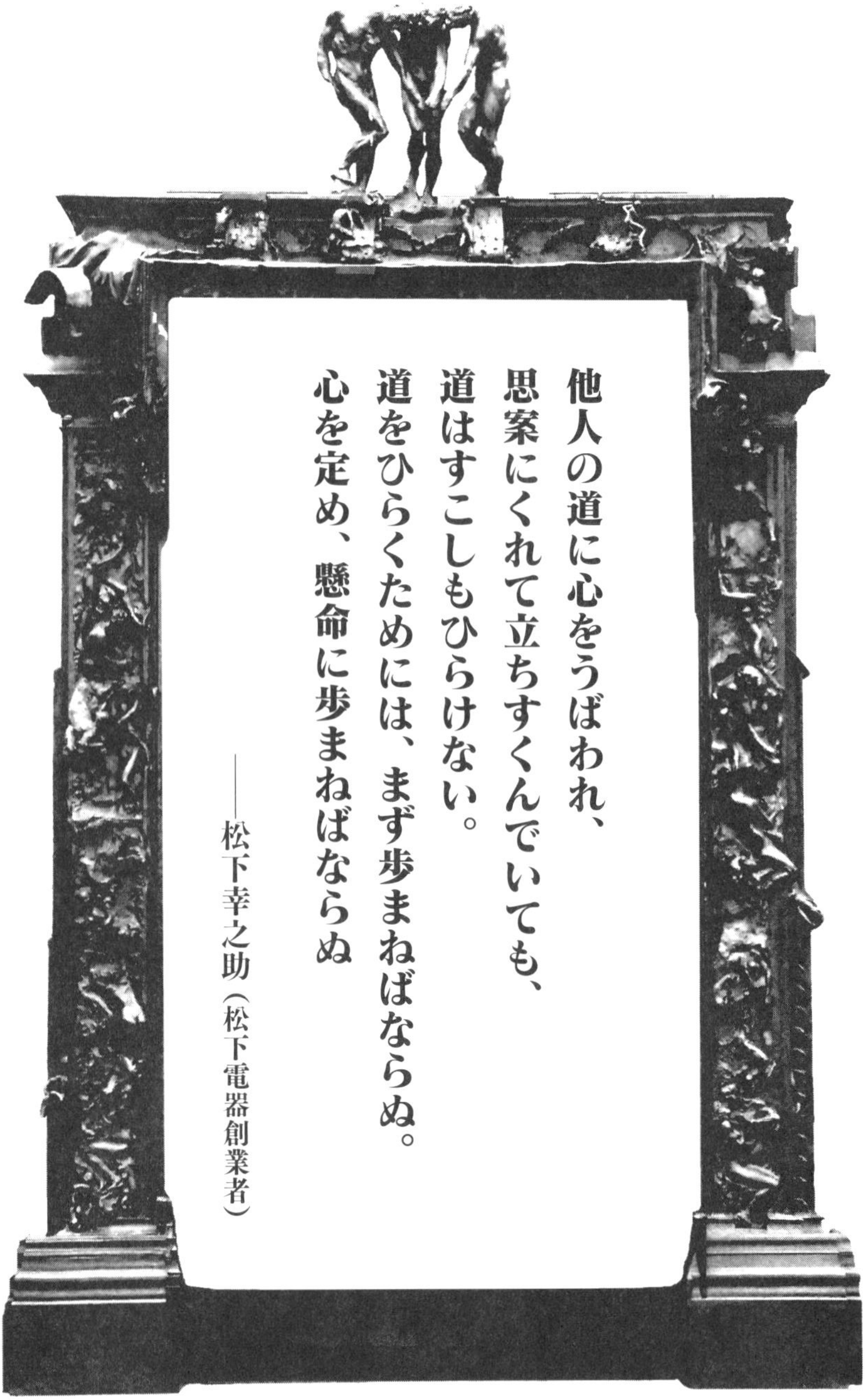

他人の道に心をうばわれ、
思案にくれて立ちすくんでいても、
道はすこしもひらけない。
道をひらくためには、まず歩まねばならぬ。
心を定め、懸命に歩まねばならぬ

——松下幸之助（松下電器創業者）

松下幸之助は１８９４年、和歌山県に生まれた松下電器産業株式会社の創業者。

小学校を中退し、わずか９歳で火鉢屋に丁稚奉公。15歳で大阪電燈に見習い工として入社した。猛烈な働きぶりが認められて検査官へと出世したが、現場作業が好きだった松下は、仕事に退屈してしまい、一念発起して22歳で独立。妻と義弟との３人で、電球ソケットの販売を開始した。

だが、創業当初はユーザーに全く受け入れられず、生活は困窮を極めた。妻が着物を売り払い、いよいよ立ち行かなくなったときに、アタッチメントプラグ、電池式自動車用ランプなどが評判を呼ぶことになった。

大不況で売り上げ不振に苦しめられたこともあれば、終戦後は「借金王」と呼ばれるほどの負債を背負ったこともあった松下。幾多の試練を乗り越えられたのは、この言葉にあるように、己の道を信じていたからこそ。つい他人の道が気になってしまうのが人の常だけに、心に刻んでおきたい。

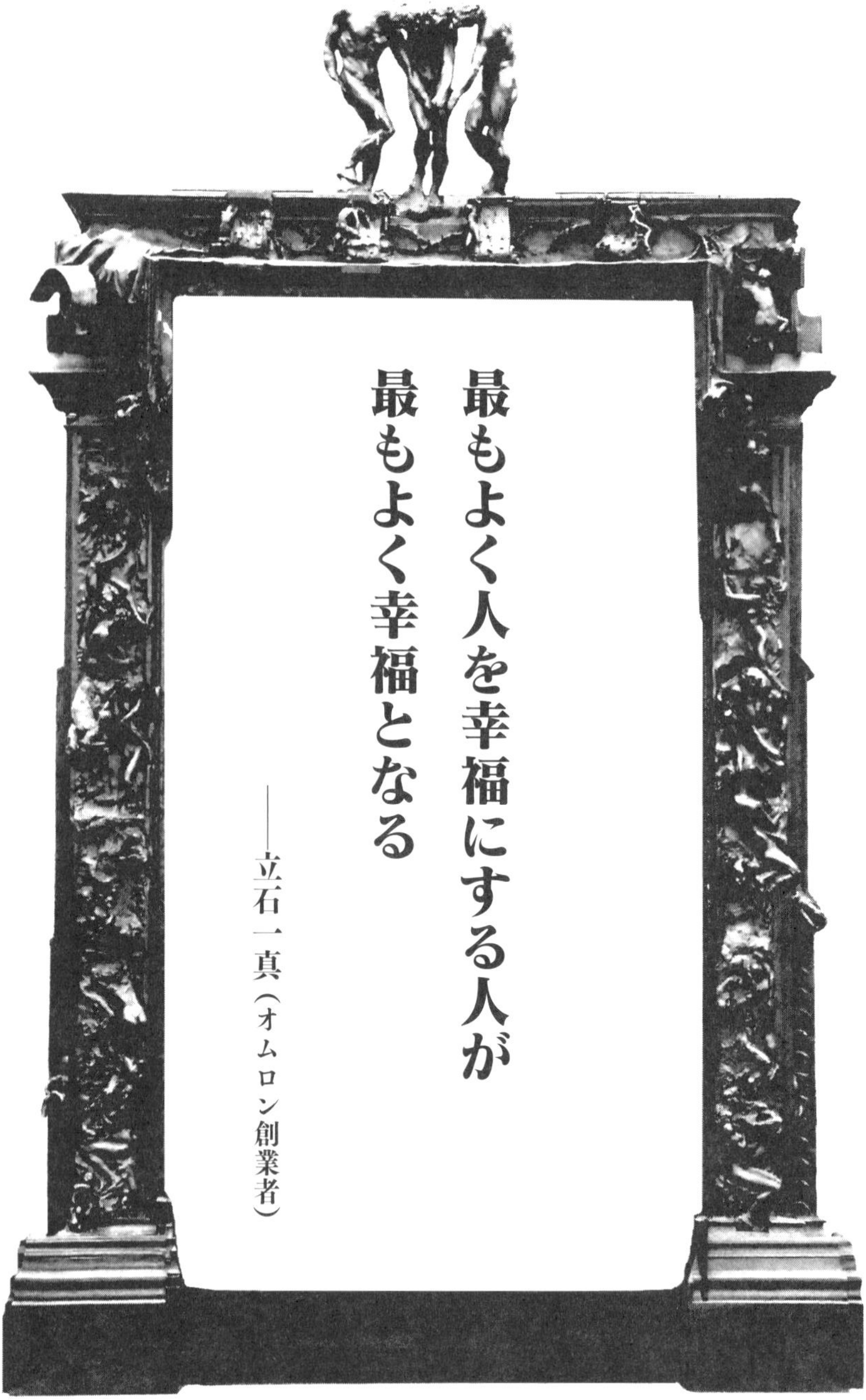

最もよく人を幸福にする人が
最もよく幸福となる

——立石一真（オムロン創業者）

オムロンの創業者である立石一真は、新技術によるオートメーション（自動化）を推進させ、私たちの生活を激変させた。

１９６０年、世界に先駆けて「無接点近接スイッチ」の開発に成功。自販機や自動車のメーターなど数々のシーンで導入された。また、今では当たり前のように全国にあるＡＴＭ（現金自動預け払い機）や、自動改札など無人駅システムも立石電機（現オムロン）の技術によるものである。

高度な機械技術によって生活を便利にした立石。彼が繰り返し言っていた言葉がこれだ。

立石は、世界で初めて身障者が働くための福祉工場として「オムロン太陽電機」を設立。さらに徳島大学医学部整形外科と電動義手の共同開発にも成功し、大きな反響を呼んだ。

十回やれば九回失敗している

——柳井《やない》正《ただし》（ユニクロ創業者）

柳井正《やないただし》は１９４９年、山口県に生まれたユニクロの創業者。

１９７１年に早稲田大学政経学部を卒業後、ジャスコに入社するが、わずか半年で退社。大学時代の友人のもとを転々とする生活がむなしくなり、実家に帰って家業の紳士服店のあとを継いだ。

１９８４年に、カジュアルウェアの小売店「ユニクロ」の第１号店を広島市にオープンさせ、社長に就任。１９９１年、社名を「ファーストリテイリング」に変更し、常識を覆す価格設定とブランド戦略で、不況のなかでも売上を伸ばし続けている。

これは、ファッション界の異端児・柳井正の言葉。

理由として「一直線に成功ということはほとんどありえないと思う。成功の陰には必ず失敗がある」と続けている。

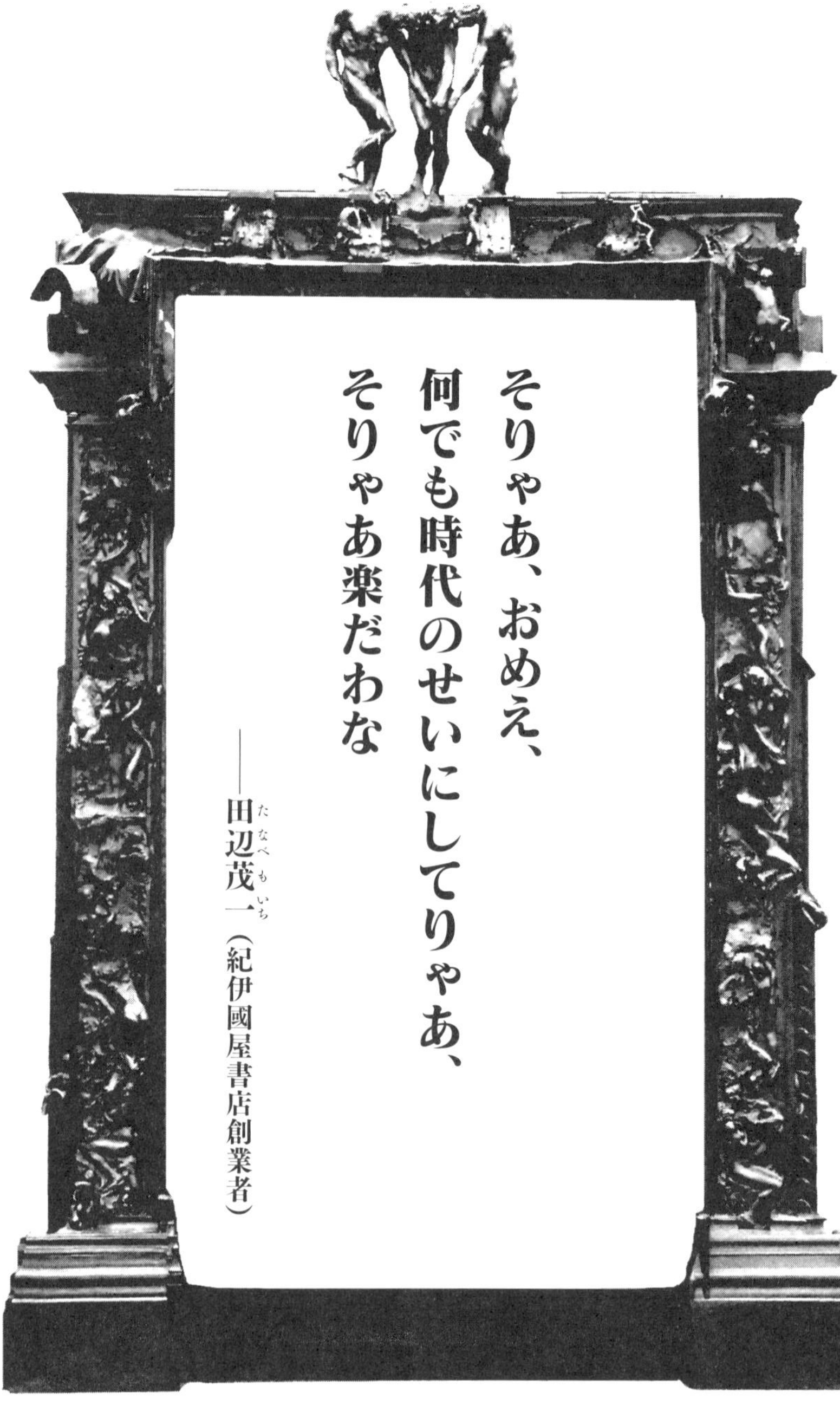

そりゃあ、おめえ、
何でも時代のせいにしてりゃあ、
そりゃあ楽だわな

——田《た》辺《なべ》茂《も》一《いち》（紀伊國屋書店創業者）

田辺茂一《たなべもいち》は１９０５年、東京都・新宿に生まれた紀伊國屋書店の創業者。炭問屋「紀伊國屋」の跡取りとして生まれ、慶応義塾高等部卒業後、１９２７年、21歳のときに炭屋の片隅で紀伊國屋書店を開業させた。

戦火による被害を乗り越え、１９６４年、今の新宿本店を建築。その５年後には大阪・梅田本店をオープンさせ、最大の売り場面積を持つ書店としてたちまち話題となった。

書店の大型化を推進してきた田辺は、ラジオのインタビューで「炭屋の片隅で始めた本屋が日本一の本屋になるなんて、そんな時代というのはもう来ないんでしょうね？」と問われると、「そりゃあ、おめえ、何でも時代のせいにしてりゃあ、そりゃあ楽だわな」と答えた。

華麗な女性遍歴を繰り広げ、夜の街を飲み歩く随筆家としても名を馳せた田辺茂一。落語家・立川談志をもって「人生の師匠」と言わしめた怪人だった。

人生に満塁ホームランはない。
ゴロやバントを狙え

——藤田田（日本マクドナルド創業者）

日本マクドナルドの創業者・藤田田は、デフレ下の環境でも次々と対策を打ち出して苦境から打開した。

それが、1994年のバリューセット戦略、2000年のハンバーガー平日半額セールなどデフレ環境を逆手にとった経営戦略である。

価格を大幅に下げながらも利益を拡大させることができたのは、藤田が徹底したコストカットを行なったからだ。サプライヤーの工場を隅々まで視察させたうえで、改善のアイディアを出し、仕入れコストを劇的に削減。また藤田は精度の高いマーケティング戦略を実践し、どの地域に店舗を出せば、どれくらいの売り上げを出すかを、正確に予測していたという。

地道な経営努力が大きな利益につながる。そのことを熟知していた藤田田の言葉。

人生・仕事の結果＝考え方×熱意×能力

——稲《いな》盛《もり》和《かず》夫《お》（京セラ創業者）

稲盛和夫《いなもりかずお》は１９３２年、鹿児島県に生まれた京セラの創業者。

鹿児島大学工学部を卒業後、京都の碍子《がいし》メーカーに就職。経営状態の悪い企業だったが、ここでファインセラミックスの技術を身に付けた。

１９５９年に出資を募り、京都セラミック株式会社を設立。資本金３００万円から始まったベンチャー企業は、世界最高のファインセラミックスの技術と電子部品の事業によって、収益を拡大させた。２０００年には、ＤＤＩ、ＫＤＤ、ＩＤＯの合併によってＫＤＤＩが誕生。京セラグループ全体で売上高１兆２０００億円規模に上るまで、業績を拡大させた。

カリスマ経営者として崇められている稲盛の言葉がこれだ。

熱意や能力があっても、考え方次第で結果はゼロになることもある。「盛和塾は一代限り」と表明していた通り、２０１９年に解散するが、そのスピリッツを継いだ塾生たちが各地で活躍している。

言い訳は、解決への執念を鈍らせる

——孫《そん》正義《まさよし》（ソフトバンク創業者）

孫正義《そんまさよし》は１９５７年、佐賀県に生まれたソフトバンクグループの創業者。

久留米大学附設高校を中退すると単身で渡米した。カリフォルニア大学バークレー校在学中に、自動翻訳機を考案してシャープに売却。その利益で、日本からすでにブームが去った「スペースインベーダー」のゲーム機を安価で大量に輸入し、ゲーム機器販売のトップになった。

帰国後の１９８１年、26歳の孫は、日本ソフトバンクを設立。ソフトウェア流通企業として収益を上げながら、設立間もないインターネット企業に投資し、そのうちの一つがヤフーだった。その後も金融や証券、球団経営など様々な分野に進出し、〝Yahoo! BB〟などの通信や放送の分野にも事業を広げている。

インターネットの帝王と呼ばれる孫正義。

これは「初めてインターネットに出会った時以来の感動」と評する〝ツイッター〟で、２０１０年２月に孫がつぶやいた言葉である。

ソフトバンク創立当初、若き経営者だった孫は重い慢性肝炎を患い、３年間にわたって入退院を繰り返した。借金を作りながらも読書に没頭し、巻き返しを図った。

あらゆる不遇にも言い訳せず挑む姿勢が、成功の扉をこじ開ける。

よい機会に恵まれぬ者はない。
ただそれを
とらえられなかっただけなのだ

――アンドリュー・カーネギー（鉄鋼王）

アンドリュー・カーネギーは１８３５年、スコットランドに生まれた実業家。

一家で移民としてアメリカのピッツバーグに渡るが、父が事業に失敗したため、12歳にして紡績工場の糸巻きの仕事をして、家計を助けた。

その後は、ペンシルバニア鉄道で勤務しながら、製鉄事業への投資で才覚を発揮。28歳の頃には年収の20倍近くの金額を投資で稼ぎ、実業界でその名を広く知られるようになる。

退社後は、鉄道建設会社や製鉄工場を創設し、アメリカで初めて「ベッセマー製鋼法」を導入。鋼鉄を安価に大量生産することを可能にした。さらにピッツバーグに最新式の製鉄工場エドガー・トムソン工場を完成させ、１８９９年にはアメリカの鉄鋼生産の４分の1を支配している。

これは、好機を見逃すことなく、富を築いた鉄鋼王カーネギーの言葉。

運です。運が良かったんです

――山内《やまうち》溥《ひろし》（任天堂社長）

山内溥《やまうちひろし》は１９２７年、京都市に生まれた任天堂の社長。京都第一商業学校卒業後、早稲田大学法学部に進学するが、２代目社長の祖父の急死によって、状況は一変。１９４９年、大学を中退し、22歳の若さでトランプ・カルタメーカーの３代目社長に就任した。これが現在の任天堂である。

山内はゲームウォッチでヒットを飛ばすと、さらに家庭用ゲーム機「ファミリーコンピュータ」を発売。これまで観たこともないゲーム機は市場で熱狂的に迎えられ、ソフトと同時に爆発的に売り上げを伸ばした。その後もゲームボーイ、スーパーファミコンとハード機を次々と投入。任天堂は世界的なテレビゲームメーカーへと成長を遂げた。

世界で成功した理由をインタビューで問われて、山内が回答したのがこの言葉である。山内は他の取材や著作でも繰り返し「運」の力について言及し、「人生は要するに向き不向きと、人知の及ばざる運・不運で決まるのではないか」とも言っている。

２００２年5月に山内は退任すると、３代続いていた一族経営を断ち切ったばかりか、古参の取締役も差し置いて、中途入社2年目の岩田聡《いわたさとる》を社長に大抜擢。42歳の新リーダーによって「Ｗｉｉ」「ＤＳ」という新たな大ヒットがもたらされることとなった。

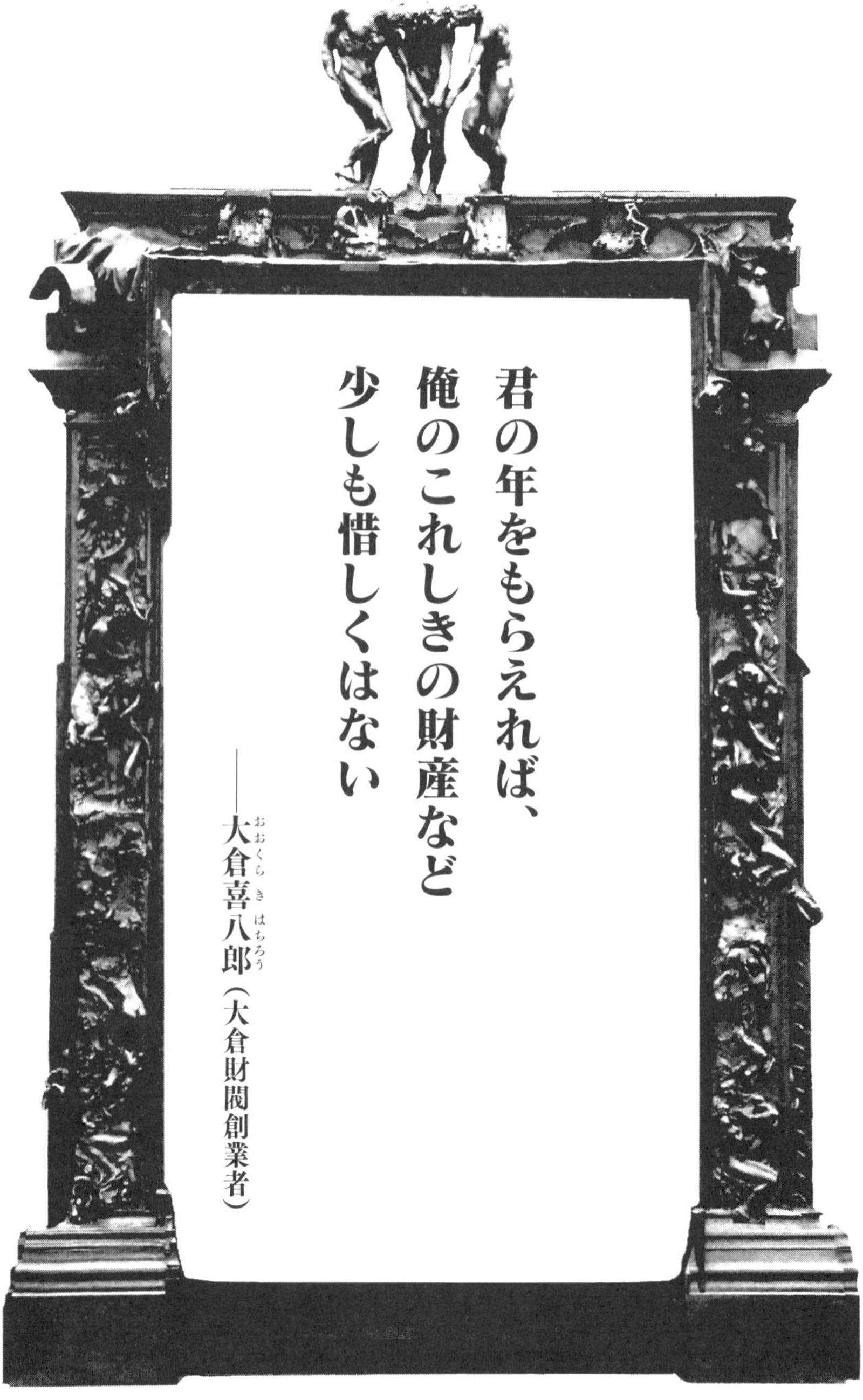

君の年をもらえれば、
俺のこれしきの財産など
少しも惜しくはない

——大倉《おおくら》喜《き》八郎《はちろう》（大倉財閥創業者）

大倉喜八郎《おおくらきはちろう》は１８３７年、新潟県に生まれた大倉財閥の創業者。17歳で江戸に出ると、かつお節店員や乾物店主として商才を発揮し、30歳で鉄砲店の大倉屋を開業した。

明治維新後は欧米の商業に学びながら、１８７３年に大倉組商会を設立し、世界各国を股にかける貿易商として活躍。さらに建設・土木業への進出も果たし、大倉財閥を築いた。東京電燈、帝国ホテル、帝国劇場、日清製油、あいおい損害保険など、大倉が創立に携わった企業は枚挙に暇《いとま》がない。

山下汽船を興した山下亀三郎《やましたかめさぶろう》は、事業に失敗し鉄道自殺を図るも死に損ねたとき、大倉から印象的な言葉を投げかけられている。山下が大倉に借金を申し込みに行ったところ、その豪勢な暮らしぶりに「俺も一生に一度、大倉さんのような生活がしたい」とこぼした。すると大倉は、「ほしければ私の全財産を君にあげよう。そのかわり、君からもらいたいものがある」と言い、この言葉を続けた。

当時、山下は42歳で大倉より30歳年下だった。

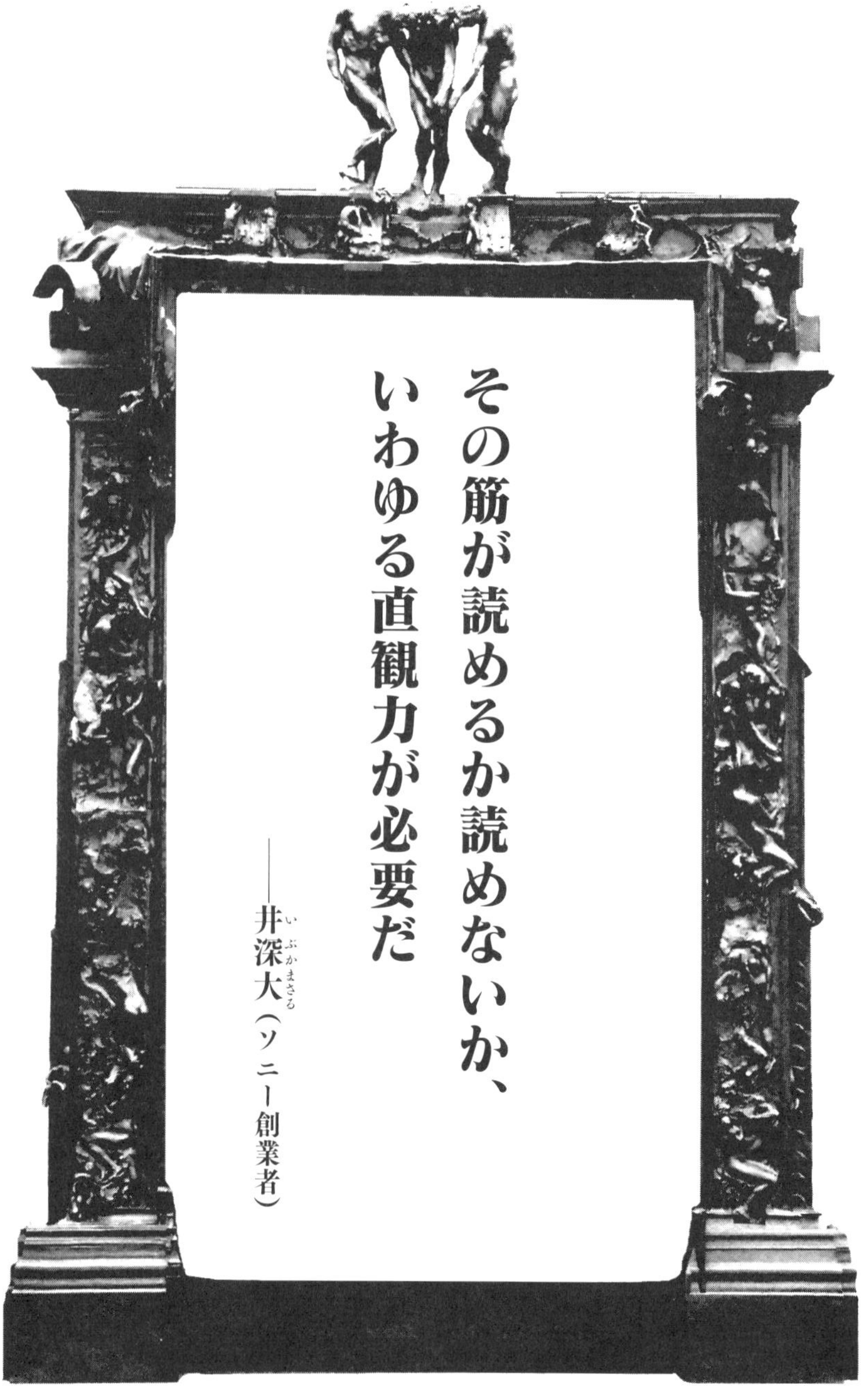

その筋が読めるか読めないか、
いわゆる直観力が必要だ

——井《い》深《ぶか》大《まさる》（ソニー創業者）

井深大《いぶかまさる》は１９０８年、栃木県に生まれたソニーの創業者。

学生時代にテニスと無線に熱中した井深は、早稲田大学理工学部の在学中に「走るネオン」を発明し、パリ万国博覧会で優秀発明賞を受賞。卒業後は、盛田昭夫らと東京通信工業を設立し、１９５０年に井深が社長に就任すると、８年後にソニーと改称した。

盛田とともに、テープレコーダー、トランジスタラジオ、家庭用ビデオテープレコーダーなど多くの日本初、世界初という革新的な商品を創り出した井深大。その発想は、この言葉にあるように、理屈ではなく「直観力」にあった。

井深は70歳にして「ウォークマン」を考案。海外出張のとき、往復の飛行機で音楽が聴きたくて、何気なく社員に方法を尋ねたことが大ヒット商品へとつながった。

百歩先が見えるものは
世間から狂人扱いされる。
現状に踏みとどまるものは
世の落伍者となる。
十歩先が見えて事を行う者が
世の成功者となる

——小林一三（阪急グループ創業者）

阪急グループの創業者・小林一三の功績は、現在の我々の生活にも深く根付いている。住宅の月賦販売から、鉄道ターミナル事業、電車内の中吊り広告と、一三は鉄道に人を呼び込むために、ありとあらゆるアイディアを用いた。乗客の気持ちがわかるようにと、一三は電車で出勤するときに、どれだけ空いていても、決して席に座ることはなく、車内の様子を観察していたという。

鉄道事業から新しいライフスタイルをもたらした一三の言葉。常に時代を先取りした経営者ならではの実感だろう。

私はかつて失望落胆したことがない

——井《い》植《うえ》歳《とし》男《お》（三洋電機創業者）

井植歳男《いうえとしお》は１９０２年、淡路島の浦村に生まれた三洋電機の創業者。13歳で父を亡くした井植は、高等小学校を中退。叔父が持つ船の見習い船員となる。その後は、姉の夫にあたる松下幸之助のもとで働き、「松下電気器具製作所」の創業時に入社。東京駐在員として販路の拡大に成功すると専務に就任し、松下のナンバー2となった。

井植は30年にわたって松下に勤務した後、１９４７年に三洋電機を設立。幸之助から譲り受けて改良を重ねた自動車用発電ランプと、低価格を重視した洗濯機で、国内シェアトップ企業にまで成長させた。

戦後の総合家電メーカーの雄となった三洋電機。創業者・井植の言葉がこれだ。井植は船乗りの見習い時代に、多数の死傷者を出した倉庫の爆発事故を体験し、九死に一生を得て助かっている。早くに親を亡くし、地獄を知っているからこそのポジティブさであろう。

ちなみに「三洋電機」の社名には、かつて船乗りになりたかった井植の思いが込められている。

成功の本当の秘訣は熱心さである

——ウォルター・クライスラー（クライスラー創業者）

ウォルター・パーシー・クライスラーは１８７５年、アメリカのカンザス州に生まれたクライスラー社の創業者。

父の仕事の影響で少年の頃から機関車に心を奪われ、18歳のときには模型作りに没頭した。33歳で初めて車を手に入れると、分解と組み立てを繰り返しては構造や部品の素材を研究した。

鉄道車両製造のメーカーに勤務して自動車の製造に携わったクライスラーは、ゼネラル・モーターズ（ＧＭ）の子会社であるビュイック社の社長を経て、１９２５年、自身の名を冠したクライスラー社を設立。ＧＭ社やフォードモーター社と並ぶ、アメリカの三大自動車メーカーの一角にまで育て上げた。

自動車業界で大躍進したのは、何も特別な経営の秘訣があったわけではないとクライスラーは言う。天才的な技術者でもあったクライスラーの自動車へのひたむきな情熱が、その業績を成し遂げさせた。

何をやるにしても考え抜く。
それが私の一生である

——出光佐三（出光興産創業者）

幼少期から病弱だった出光佐三は眼が悪く読書もできなかったが、福岡商業学校を優秀な成績で卒業。現在の神戸大学にあたる神戸高商に入学した。

卒業後は、従業員がわずか数名の会社に入って、丁稚奉公に励んだ。名門校卒業者としては異例の進路だったが、25歳で独立。福岡県の門司市で出光商会を創業し、機械船への燃料油の販売で多くの利益を得た。

石油の輸入・精製・販売の一貫体制を整備し、現在の出光興産の基礎を築いた「日本の石油王」。冒頭の言葉は、彼が残したものである。

ハンディキャップを己の足かせとせず、自分の頭で進むべき道を決めてきた出光。その生き様を体現した言葉である。

失敗をする。
しかしそれが人生の
一番のターニングポイントだと思う

——塚《つか》本《もと》幸《こう》一《いち》（ワコール創業者）

塚本幸一《つかもとこういち》は1920年、滋賀県に生まれたワコールの創業者。

滋賀県立八幡商業学校卒業後は家業の繊維問屋を手伝う。20歳になると兵役で招集され、歴史的な敗戦となる「インパール作戦」に従軍する。所属した55人の部隊のうち生存できたのはわずか3人で、そのうちの1人が、塚本だった。

復員後、生き残った塚本はワコールの前身となる和光商事の創業に踏み切った。この言葉は、女性美を追求し、世界的な女性下着メーカーを一代で築いた塚本によって発せられたものだ。

創業当時、塚本は行商でアクセサリー販売を行なっていたが、やがて売り上げが伸び悩んできた。そんな苦しい時期に、取引先を通じて知ったのが、まだ一般的にはほとんど知られていなかった「ブラジャー」という商品だった。

イチかバチかで未開拓の市場に乗り込んだことが、塚本の、そして日本の下着文化のターニンポイントとなった。

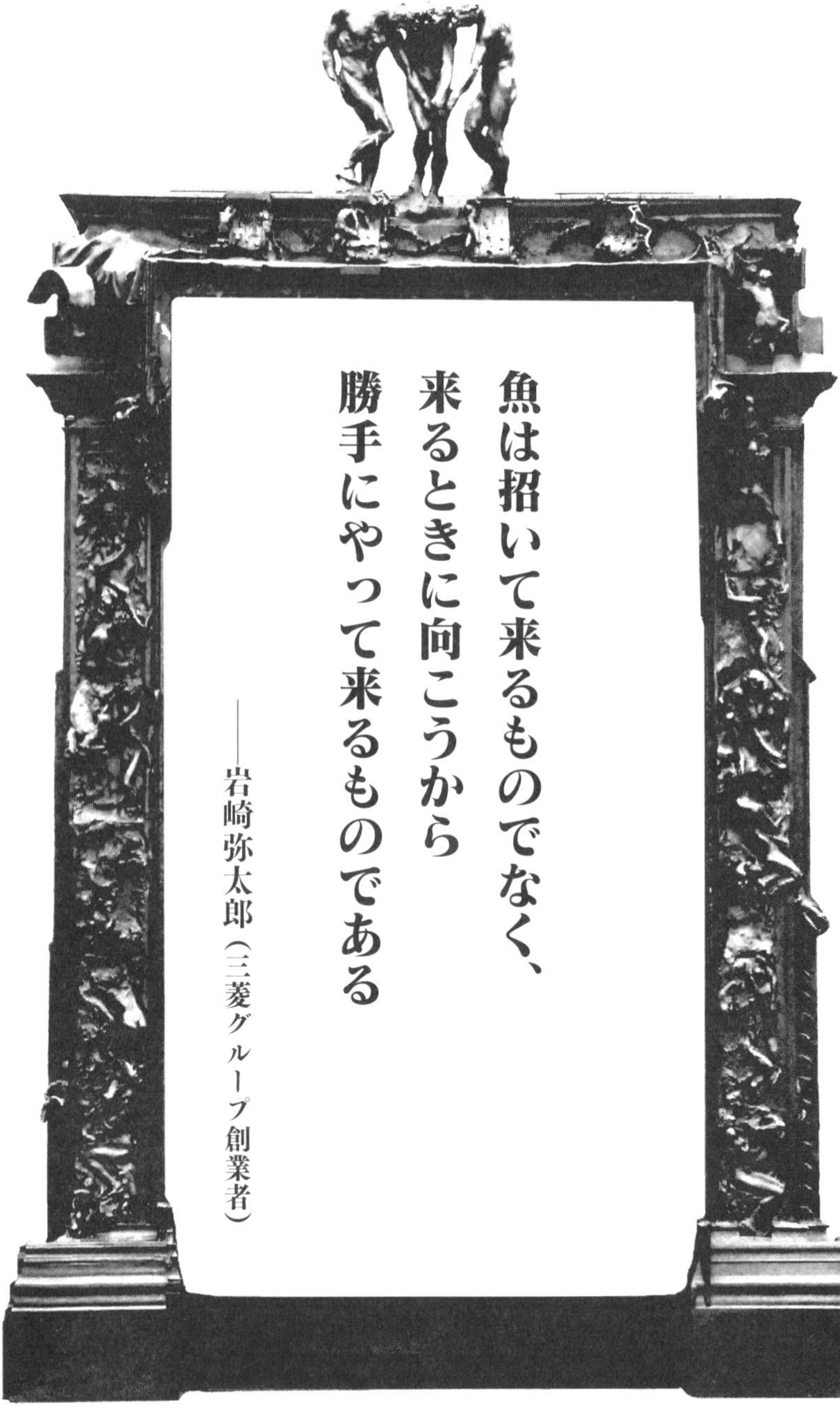

魚は招いて来るものでなく、
来るときに向こうから
勝手にやって来るものである

——岩崎弥太郎（三菱グループ創業者）

三菱財閥の創業者、岩崎弥太郎。

幼少時代は、吉田東洋の門下生として周囲に秀才振りを見せつけ、江戸への遊学後、後藤象二郎により土佐商会の主任へと抜擢。欧州の各商社と渡りあいながら、武器の買い付けと土佐物産の輸出で実業家として頭角を現す。

極貧生活から学問によって這い上がるため、躍進のチャンスを絶えずうかがってきた弥太郎。この言葉は続きも重要である。

「だから、魚を獲ろうと思えば、常日頃からちゃんと網の用意をしておかねばならない。人生すべての機会を捕捉するにも同じことがいえる」

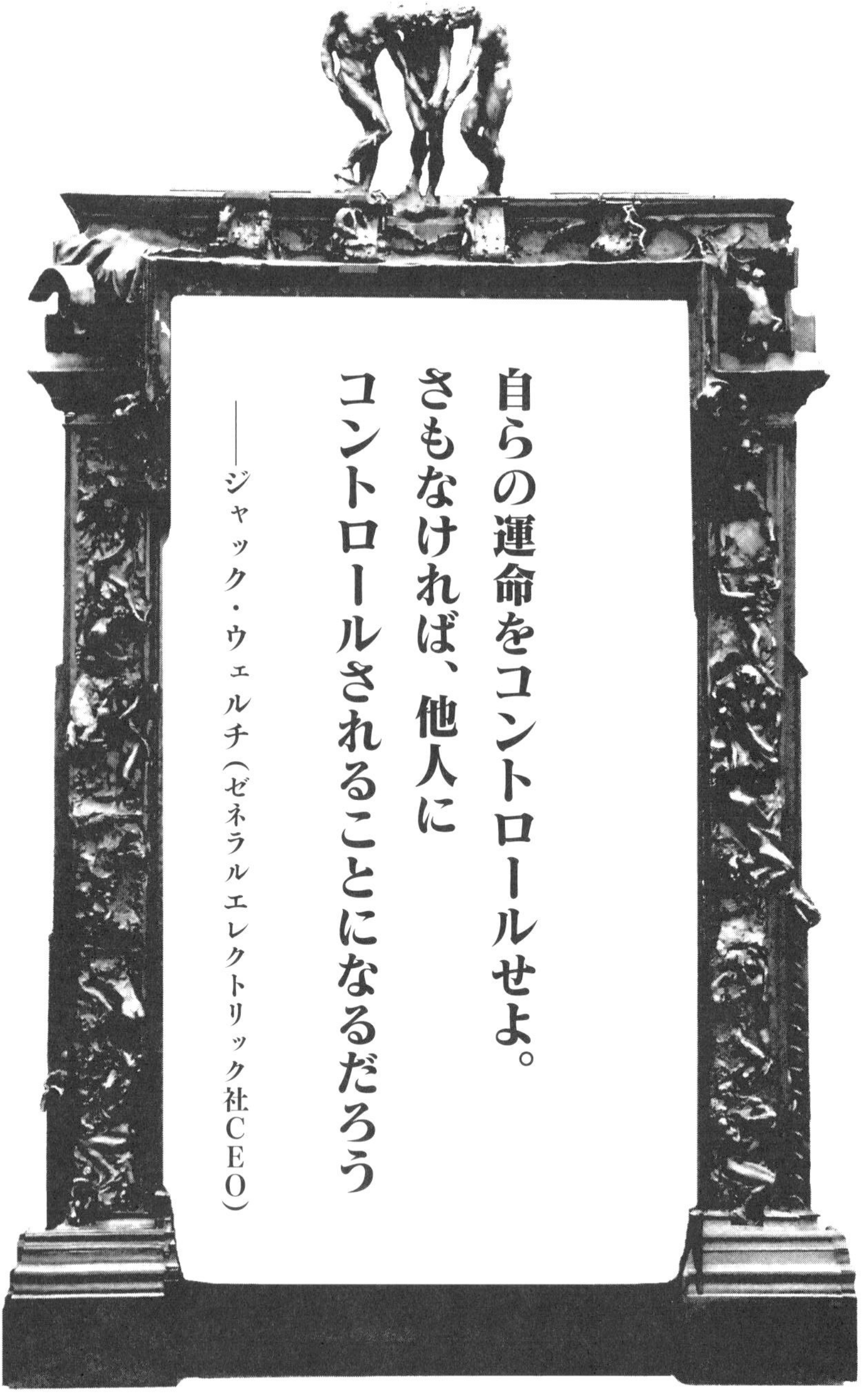

自らの運命をコントロールせよ。
さもなければ、他人に
コントロールされることになるだろう

——ジャック・ウェルチ（ゼネラルエレクトリック社ＣＥＯ）

ジャック・ウェルチは１９３５年、アメリカのマサチューセッツ州に生まれたゼネラル・エレクトリック社（ＧＥ）のＣＥＯ。

少年時代、吃音に苦しめられたウェルチは、マサチューセッツ州立大学卒業後、イリノイ大学へと移り、化学工学の博士号を取得。ＧＥに入社すると、わずか8年でゼネラル・マネジャーに就任した。

１９８１年には、最年少でＧＥ会長兼ＣＥＯに就くと、大胆なリストラと事業開発によって組織変革に取り組んだ。「選択と集中」や「シックスシグマ」などの経営手法をいち早く導入し、他の多くの企業にも浸透させた。

卓越した指導力を発揮したウェルチらしい名言がこちらである。

売上高を5倍、純利益を8倍に伸ばしたウェルチは「フォーチュン」誌で「20世紀最高の経営者」に選出。一切の妥協を許さない姿勢で、ＧＥを時価総額４５００億ドルの企業へと導いた。

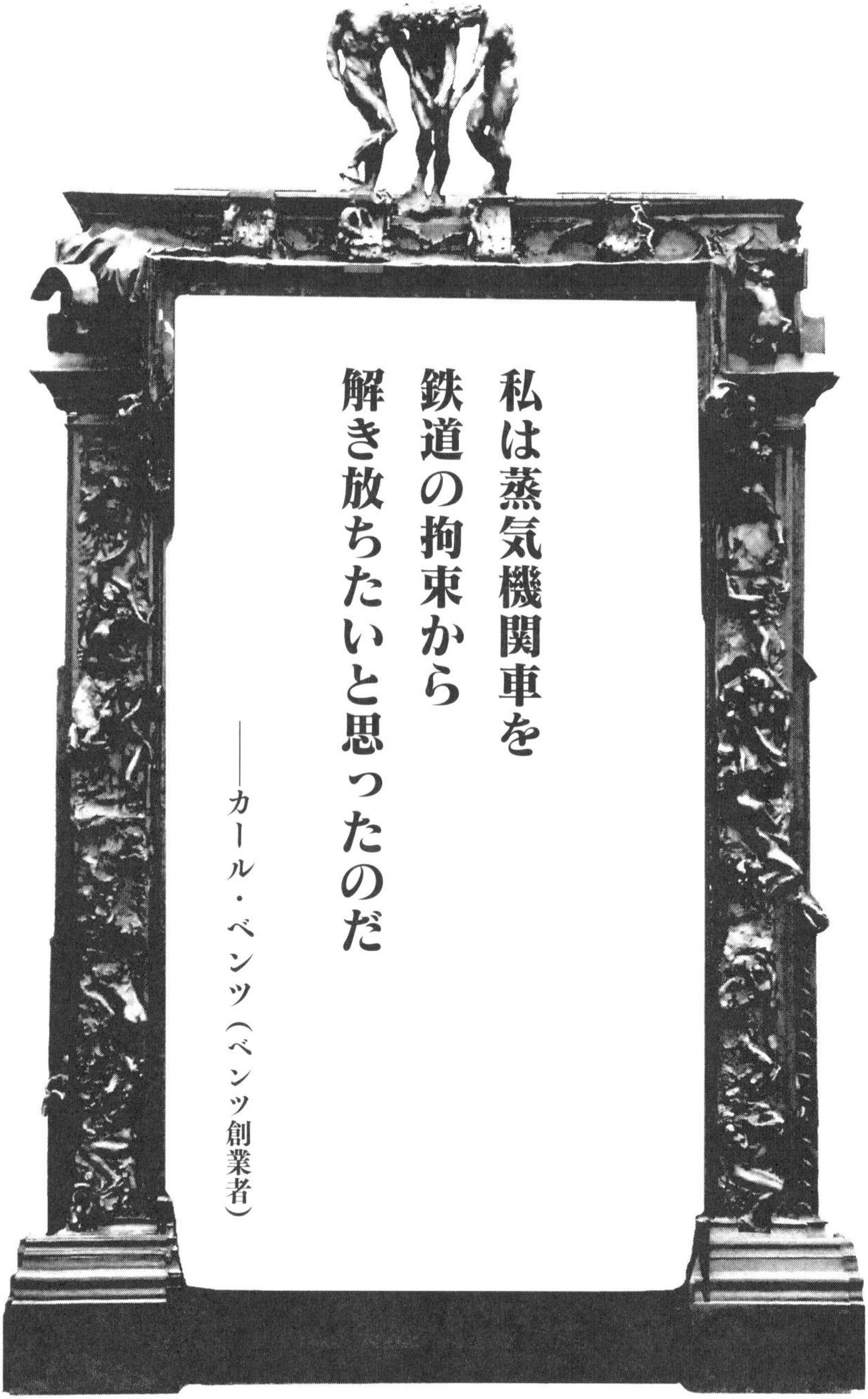

私は蒸気機関車を
鉄道の拘束から
解き放ちたいと思ったのだ

——カール・ベンツ（ベンツ創業者）

カール・ベンツは１８４４年、ドイツに生まれたベンツの創業者。

ベンツは学校の授業では物理と科学を得意とし、カールスルーエ工科大学卒業後は、蒸気機関車の製造工場へ就職した。

１８８６年、４サイクルのガソリンエンジンを搭載した三輪の自動車の開発に成功し、特許を取得。世界で初めて自動車を実用化した人物として、カール・ベンツの名が歴史に刻まれることとなった。

彼が鉄道の世界から自動車開発へと乗り出した理由が、この言葉だ。線路上しか走れない蒸気機関車をどこでも走れるようにしたい、ベンツはそう考えたのである。常識に縛られない突飛な発想と、それを現実のものにする実行力がベンツに備わっていた。

ちなみにベンツは２歳のときに鉄道事故で父を亡くしている。父は蒸気機関車の運転手だった。

人間、欲のない人間になったら
おしまいです

——藤原銀次郎（王子製紙社長）

51歳で王子製紙の社長になった藤原銀次郎は、１９３３年に王子製紙、富士製紙、樺太《からふと》工業などライバル企業を軒並み合併。日本国内のシェア90％を誇る大王子製紙を設立し、そのトップの座に就いた。

藤原のこの言葉は一見、身も蓋もない強欲な言葉に思える。後には次のように続いている。

「欲の出しすぎはよろしくないが、欲のなさすぎも困りものです。欲がないのは大変きれいに聞こえますが、その実、骨を折ることが嫌い、精を出すことが嫌いで、つまり、人間がナマケモノの証拠です」

藤原は退任後、私財８００万円を投じて藤原工業大学を創立。後には慶応大学の理工学部として寄与するなど、技術者の育成にも大きく貢献した。ここでいう「欲」には、社会貢献したいという欲も含まれているのだろう。

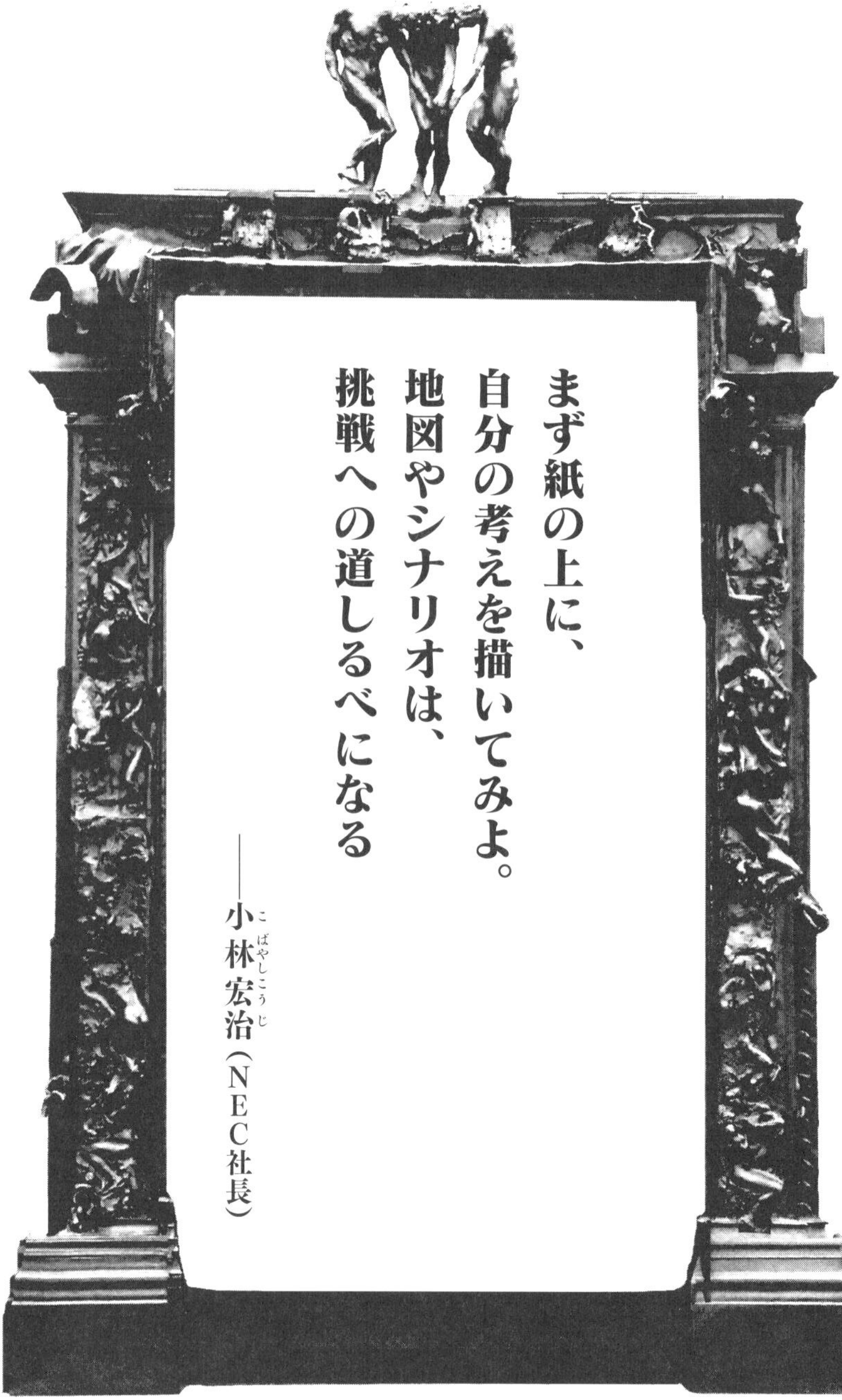

まず紙の上に、
自分の考えを描いてみよ。
地図やシナリオは、
挑戦への道しるべになる

——小《こ》林《ばやし》宏《こう》治《じ》（ＮＥＣ社長）

小林《こばやし》宏治《こうじ》は１９０７年、山梨県に生まれた日本電気（ＮＥＣ）の社長。東京帝国大学工学部電気工学科を卒業すると、日本電気に入社。戦前、技術者として、日本と満州を結ぶ無装荷ケーブル方式を実用化した。

１９６４年に社長に就任した小林は〝Ｃ＆Ｃ（コンピューター＆コミュニケーション）〟を社是とし、コンピューターと通信の統合路線を打ち出した。その結果、ＮＥＣは日本のコンピューター産業を代表する総合エレクトロニクス企業へと進化していく。

時代を先取りした小林の言葉がこれである。

「ＮＥＣと言えばパソコン」というブランドイメージを一から定着させた小林。世界的にも前例にない独創的な発想は、意外なことに「紙に書く」というアナログ的な手法から生み出された。

【主要参考文献】

「ＮＨＫスペシャル　新・電子立国第4巻～ビデオゲーム巨富の攻防」相田洋（ＮＨＫ出版）
「商いの心一日一言」青野豊作（経営書院）
「あなたのスピーチが役立つ　珠玉の名言・名文句」秋庭道博（実業之日本社）
「マガジンハウスを創った男　岩堀喜之助」新井恵美子（マガジンハウス）
「日本経済新聞　私の履歴書　名語録」石田修一（三笠書房）
「井深大語録」井深大研究会（小学館）
「名言大語録」今泉正顕（三笠書房）
「成功の智恵―道をひらく名言・名句」江口克彦（ＰＨＰ研究所）
「自動車と私　カール・ベンツ」カール・ベンツ著、藤田芳朗訳（草思社）
「セブン・イレブンの16歳からの経営学」勝見明（宝島社）
「世界の名言１００選」金森誠也（ＰＨＰ研究所）
「ミキハウス・スタイル　惚れて通えば千里も一里」木村皓一（ミキハウス）
「いまを読む名言　昭和天皇からホリエモンまで」轡田隆史（講談社）
「天才実業家　小林一三　価千金の言葉」小堺昭三（ＫＫロングセラーズ）
「販売戦略の先駆者―鈴木三郎助の生涯」小島直記（中央公論社）
「巨怪伝」佐野眞一（文藝春秋）
「論語と算盤」渋沢栄一（国書刊行会）
「わが経営」〈上〉〈下〉ジャック・ウェルチ著、宮本喜一訳（日本経済新聞出版）
「安藤百福のゼロからの「成功法則」　人生に遅すぎるということはない」鈴田孝史（かんき出版）
「運鈍根の男―古河市兵衛の生涯」砂川幸雄（晶文社）
「一日一名言　歴史との対話３６５」関厚夫（新潮社）
「世界で最も偉大な経営者」ダイヤモンド社編訳（ダイヤモンド社）
「日本のリーダー名語録」武田鏡村（ＰＨＰ研究所）
「創業者 百人百語―生きる知恵 成功の秘訣」谷沢永一（海竜社）
「経済人の名言―勇気と知恵の人生訓」〈上〉〈下〉日本経済新聞社編、堺屋太一監修（日本経済新聞出版）
「私の履歴書―昭和の経営者群像〈7〉」日本経済新聞社編（日本経済新聞出版）
「アディダスvsプーマ　もうひとつの代理戦争」バーバラ・スミット著、宮本俊夫訳（ランダムハウス講談社）
「ビル・ゲイツ　未来を語る」ビル・ゲイツ著、西和彦訳（アスキー出版局）
「心に響く名経営者の言葉」ビジネス哲学研究会（ＰＨＰ研究所）
「20世紀名言集【科学者／開発者篇】」ビジネス創造力研究所（情報センター出版局）
「ドラッカー　３６５の金言」Ｐ・Ｆ・ドラッカー著、上田惇生訳（ダイヤモンド社）

「シャープを創った男　早川徳次伝」平野隆彰（日経ＢＰ社）
「実業人の気持」藤原銀次郎（実業之日本社）
「道を開く」松下幸之助（ＰＨＰ研究所）
「心を揺さぶる！　英語の名言」松本祐香（ＰＨＰ研究所）
「可笑しけりゃ笑え」松永安左衛門（展望社）
「通勤大学人物講座〈2〉安岡正篤に学ぶ」松本幸夫（総合法令出版）
「最高の報酬　お金よりも大切なもの　働く人の名言集」松山太河（英知出版）
「大富豪１００の言葉」真山知幸（ＰＨＰ研究所）
「アメリカ経営史」マンセル・Ｇ・ブラックフォード著、川辺信雄監訳（ミネルヴァ書房）
「成功のコンセプト」三木谷浩史（幻冬舎）
「私と満州国」武藤富男（文藝春秋）
「伸びる男はどこかちがうか」邑井操（新潮社）
「アウトロー経営者の履歴書」山口智司（彩図社）
「サバイバルの流儀」山口智司（ディスカヴァー社）
「一勝九敗」柳井正（新潮社）
「雑学 世界の有名人、最期の言葉」レイ・ロビンソン編、畔上司訳（ヴィレッジブックス）
「やってみなはれ　みとくんなはれ」山口瞳、開高健著（新潮社）
「日本マクドナルドの「知られざる経営」」疋田文明（富士通ジャーナル　２００１年10月31日付）
「現代日本の源流　出光佐三」（向学新聞　２００９年９月号）
「ニッポンの経営者名言11選」（週刊朝日　２０１０年1月15日号）
「私の履歴書」高原慶一郎（日本経済新聞　２０１０年3月13日付）
「決断力―そのとき、昭和の経営者たちは」〈上巻〉〈中巻〉〈下巻〉日本工業新聞社編（日本工業新聞社）
「『共生』の理念を実現する遷都を」賀来龍三郎（国土交通省　オンライン講演会）
【CNET Japan】http://japan.cnet.com/
【江崎記念館】http://www.glico.co.jp/kinenkan/index2.htm
【swissinfo　スイスのニュースと情報】http://www.swissinfo.ch/
【「NET-IR」投資家のための企業情報サイト「先駆者たちの大地　IRマガジン」】http://www.net-ir.ne.jp/ir_magazine/pioneer/index.html
【渋沢栄一記念財団　渋沢栄一】http://www.shibusawa.or.jp/eiichi/index.html
【コンピュータ偉人伝　ＩＴ用語辞典BINARY】http://biography.sophia-it.com/
【NIKKA WHISKY】http://www.nikka.com/index.html
【オムロン　創業者物語（立石一真）】http://www.omron.co.jp/about/corporate/history/founder/
【京セラ株式会社　創業者　稲盛和夫】http://www.kyocera.co.jp/inamori/index.html

著者略歴
山口智司（やまぐち・さとし）
1979年、兵庫県生まれ。2002年、同志社大学法学部法律学科卒業。上京後、業界誌出版社の編集長を経て、2020年より独立。偉人や歴史、名言などをテーマに執筆活動を行う。2011年の東日本大震災を機に、筆名を「真山知幸」へ変更。『ざんねんな偉人伝』『ざんねんな歴史人物』（学研プラス）は計20万部を突破しベストセラーとなった。そのほか、『企業として見た戦国大名』（彩図社）、『ざんねんな三国志』（一迅社）など著作40冊以上。名古屋外国語大学現代国際学特殊講義（現・グローバルキャリア講義）、宮崎大学公開講座などでの講師活動やメディア出演も行う。最新刊は『偉人名言迷言事典』（笠間書院）。

Twitter：@mayama3

経営者100の言葉

2021年6月22日　第1刷

著　者　山口智司

発行人　山田有司

発行所　株式会社彩図社
東京都豊島区南大塚3-24-4
MTビル〒170-0005
TEL：03-5985-8213　FAX：03-5985-8224

印刷所　シナノ印刷株式会社

URL：https://www.saiz.co.jp
Twitter：https://twitter.com/saiz_sha

　ISBN978-4-8013-0527-4 C0023

※本書は2010年7月に小社より刊行された同名書籍を再編集したものです。